Til juridiske formål kan Alan John ikke garantere succesen med udtryk og forslag til indholdet samt garantere dets nøjagtighed. Derudover er Alan John, i det omfang loven tillader det, ikke ansvarlig for tab og/eller skader som følge af brugen af oplysningerne i denne bog, e-bog eller nogen form for gengivelse. Alle billeder er forfatterens originale ejendom eller fri for ophavsret som angivet af billedkilder. Navne på virksomheder og personer afspejler ikke nødvendigvis virkelige navne eller titler. Ved at læse ud over denne side og iværksætte alt, hvad der anbefales i denne bog, accepterer du hermed denne ansvarsfraskrivelse og accepterer dens vilkår.

Copyright © 2024 af Alan W. John

Alle rettigheder forbeholdes. Denne bog eller dele deraf må ikke gengives i nogen form, gemmes i noget hentningssystem eller overføres i nogen form på nogen måde - elektronisk, mekanisk, fotokopi, optagelse eller på anden måde - uden forudgående skriftlig tilladelse fra udgiveren, bortset fra brugen af korte citater i henhold til amerikansk lov om ophavsret. Kontakt outreach@audepublishing.com for anmodninger om tilladelse

Aude Forlag

Introduktion: Styrken ved at investere

Den moderne guide til aktiemarkedsinvestering for teenagere

Sådan sikrer du et liv med økonomisk frihed gennem investeringskraften

Introduktion: Styrken ved at investere

Lige nu, mens du læser dette, giver du dig selv en fordel. At lære at investere i aktiemarkedet samt lære om de relaterede færdigheder inden for pengeforvaltning og finansiel læsefærdighed er virkelig værdifuldt. Viden i denne bog kan ændre din økonomiske horisont samt udsætte dig for mange muligheder, som ellers ikke ville blive nydt. Det hele begynder her. Sæt dig ned, tag en snack og læs videre.

Investering i alle former er en fantastisk måde at tjene penge på og plante frøene til en økonomisk sikker fremtid. Som teenager vil de færdigheder og vaner, du udvikler, vare hele livet, og det er medvirkende, at du udvikler disse færdigheder og vaner så hurtigt som muligt. Jeg skrev denne bog, fordi som teenager (yup, også mig) investering altid har været en kilde til lidenskab, for ikke at nævne at nyde de økonomiske fordele. Uanset din alder, uanset hvor mange penge du har til rådighed, kan du investere, hvis du vælger det, og jeg håber, at denne guide vil hjælpe dig med at gøre netop det og gøre det med succes. Denne bog er beregnet til at forberede dig til at få succes på aktiemarkedet, hvor den omfattende mission er at sikre læsernes økonomiske frihed. I løbet af de følgende seks afsnit lærer du, hvordan du tjener og sparer penge (med det formål at investere disse penge), hvordan du åbner en faktisk konto for at begynde at handle, og hvordan du forstår alle vilkår, diagrammer og statistikker omkring aktier. I slutningen vil du se nogle virkelige handler, der eksemplificerer de lektioner og teorier, der diskuteres i denne bog, samt lære af nogle af de mest succesrige forhandlere i historien. De fleste mennesker udsættes ikke for disse oplysninger i din alder, så vær forsigtig med det. Behandl det med omhu og forstå dets betydning. Vigtigst af alt, brug det. Det er virkelig kraftfuldt og kan ændre dit liv, hvis du lægger tid og arbejde.

Lad os uden videre springe ind i del 1.

Del 1: Fordele

Vi er nødt til at undersøge nogle af de fordele, der kommer som følge af at investere i en tidlig alder for at lægge grunden til at forstå ikke kun, hvordan man gør det, men hvorfor vi gør det. Hvis du er teenager med forældre imod, at du investerer, eller omvendt, skal du vise dette afsnit til modparten. Senere i bogen lærer du, hvordan du udvikler de nødvendige færdigheder uden risiko og uden investering, og det er en god mulighed, hvis du er bekymret for risikoen.

Investering i en tidlig alder giver to kategorier af fordele: den viden og erfaring, der kommer fra at investere, og de økonomiske fordele, der kan komme fra mange års fortjeneste og sammensat rente. Vi undersøger først de færdigheder, som investering vil opbygge.

I en video af iværksætteren og administrerende direktør Sam Ovens kaldet *How Billionaires Think: Decoding the Billionaire Mind*, sætter han spørgsmålstegn ved, hvad der gør succesrige mennesker inden for ethvert felt anderledes end deres ikke-så succesrige jævnaldrende gennem denne paradoksale situation:[1] Hvis en forretningsidé eller strategi gives til 100 mennesker uden forudgående kendskab til informationen, giver resultaterne en bred spredning. Hvorfor kan nogle mennesker tage information og skabe noget vellykket, og andre falder fladt på deres ansigter? Succes, i enhver form, kommer i sidste ende ned til sindet. Udvikling af den rigtige mentale

[1] Vi definerer succes som evnen til at nå sine mål.

Disciplin, kontrol og færdigheder er medvirkende til at forme et ungt menneskes fremtid. Investering vil udvikle ikke kun langsigtet tilstrækkelighed i investering (hvilket resulterer i større rigdom over en levetid), men også bedre følelsesmæssig kontrol, pengehåndteringsevner og en modenhed, der følger med ansvar. Investering af unge fører til finansiel læsefærdighed, hvilket igen hjælper på alle områder af pengeforvaltning. Læsning af aktiediagrammer og analyse af virksomheder bliver anden natur, og hvis det gøres rigtigt, rentabelt. Virkningerne af eksponentiel vækst og sammensat rente kan udnyttes til at skabe et massivt redeæg og ensartet indkomst under pensionering samt reducere behovet for en tid er lig med pengeforhold. Faktisk er penges evne til at vokse eksponentielt en af de vigtigste grunde til at begynde at investere ung, hvis ikke den vigtigste. Denne idé, der omtales som "sammensat vækst" eller "sammensat rente", skal læres til yngre generationer, fordi jo yngre en person er, jo større effekt kan sammensætning af investeringer have.

Kort sagt skaber penge, når de investeres, en sneboldeffekt, og penge i smarte investeringer stiger eksponentielt over tid. Tænk på det faktum, at en krone fordoblet hver dag i en måned bliver værd $ 10.737.418,24.[1] Eksponentiel vækst i det virkelige liv er afhængig af det samme grundlæggende princip; i mere realistiske termer, tænk på det på denne måde: Hvis du er seksten, og du investerer en dollar på

---

[1] Forudsat en 30-dages måned.

Del 2: Kom godt i gang

aktiemarkedet, vil den dollar være værd (baseret på det gennemsnitlige aktiemarkedsafkast i løbet af det sidste årti) en forbløffende

---

$ 88, når den gennemsnitlige person går på pension i en alder af 62 år.[2] Faktisk vil en dollar fordobles i værdi (blive værd $ 2 på aktiemarkedet) omkring hvert 7. år. Når du ser på det på den måde, er det vigtigt at komme i gang med at investere så hurtigt som muligt, fordi hver dollar, der investeres som teenager, faktisk ikke er en dollar værd i dens eventuelle brug for dig, men snarere meget mere. Når det er sagt, skal du stadig være sikker med dine penge, og renters rente fungerer ikke, hvis penge spildes. Investering, i enhver form, er aldrig en hurtig rig ordning. Processen kan automatiseres og outsources, men der kræves altid arbejde. Nedenfor er et diagram, der viser det beløb, du ville tjene med en historisk gennemsnitlig vækstrate på 10% (gennemsnittet i det sidste århundrede for S&P 500) ved at investere i aktier med $ 100 (år 0 er $ 100).

År 1	$ 110
År 2	$ 121
År 3	$ 133
År 4	$ 146
År 5	$ 161
År 10	$ 261
År 20	$ 673
År 30	$1.745
År 35	$2.810

---

[2] Baseret på en undersøgelse fra 2018 foretaget af Gallup.

År 40	$4.526
År 45	$7.289
År 50	$11.739
År 100	$1.378.061

Mens du starter, kan ideer som sammensat rente lyde vage, og processen kan lyde skræmmende. Med sammensat rente (såvel som investering generelt) bliver overskuddet eksponentielt større; Derfor opnås det mindste overskud i de første par år, så vær tålmodig. Derudover kan økonomiens styrke påvirke dine resultater enormt. På trods af den tilsyneladende negative indvirkning tvinger disse faktorer dig til at følge en disciplineret rute til investering. Du skal tænke langsigtet, et meget værdifuldt værktøj. Du bliver nødt til at lære at kontrollere ønsket om at købe og sælge baseret på følelser og modstå den følelsesmæssige dræning forårsaget af op- og nedture i aktier. At lære at kontrollere frygt og evaluere muligheder bygger selvkontrol, der gælder for alle områder af livet, fra skole til karriere til investering.

På trods af snakken om arbejde kan og bør investering være sjovt. Du kan tjene dine egne penge. Du kan sidde i et klasseværelse, tage en test og gå ud rigere, end da du gik ind. Du har kontrol over din økonomi og har mulighed for at opbygge massiv rigdom. Sørg for at holde det så sjovt som muligt, mens du stadig tager en disciplineret tilgang, så du kan holde levetiden for din portefølje i live.

Nu forstår vi nogle af fordelene ved at investere i en tidlig alder. Forhåbentlig er du fyret op og klar til at starte. Det er perfekt, fordi vi går videre til Del II: Kom godt i gang.

Del 2: Kom godt i gang

Nu hvor du forstår fordelene ved at investere fra en tidlig alder, og (dette er påkrævet) du har opbakning fra en værge, er det tid til at lære at komme i gang med at handle som teenager. Før du starter og handler for alvor, bør der tages flere forholdsregler for at mindske risikoen for at miste penge og give den nødvendige uddannelse for at undgå at lære på den hårde måde.

Før du tilmelder dig en investeringsplatform eller bruger en krone, skal du forstå det # 1 vigtigste skridt til at komme i gang og forblive succesfuld, mens du handler. Det skridt er læring. På dette tidspunkt i dit liv har du tid. Du behøver ikke at hoppe ind lige nu. Det er meget bedre at tage mindst et par uger eller længere for at lære så meget som muligt om investering. Tjek bøger fra biblioteket (en ressourcesektion inklusive anbefalede bøger vil blive inkluderet), se tutorials og læs nyheder om markedet. Se investeringsprogrammerne *Mad Money* og *Squawk on the Street*. Eksperter som Jim Cramer anbefaler investorer at bruge en time om ugen på at undersøge hver aktie, som de ejer eller ønsker at investere i, så kontinuerlig læring er en livslang proces for selv de bedste investorer. Oven i alt dette skal du sørge for at have en anstændig forståelse af afsnittet om aktiemarkedskompetence senere i denne bog. At lære så meget som muligt vil spare dig penge ned ad linjen og er medvirkende til at vælge gode aktier og tjene penge.

Del 2: Kom godt i gang 11

Det næste skridt, der skal sættes i gang, enten i løbet af din læringsperiode eller bagefter, er at åbne en virtuel portefølje. Virtuelle porteføljer er porteføljer, der giver dig mulighed for at investere virtuelle penge i rigtige aktier til reelle markedsværdier. Den hjemmeside, jeg bruger, hedder HTMW. HTMW, der står for How The Market Works, tilbyder førstegangsbrugere enten $ 500,000 eller $ 1,000,000 virtuelle dollars og tillader investeringer i tusindvis af realtidsaktier. HTMW tilbyder også konkurrencer, hvor de bedste handlende kan vinde rigtige penge ved at have det bedste afkast i deres virtuelle porteføljer. Du kan besøge dem på htmw.com. Investering af virtuelle penge i rigtige aktier giver dig mulighed for at lære om markedet, og hvordan du vælger gode aktier uden risiko for rigtige penge. De fleste mennesker går ind i investering og tror, at de er klogere end andre mennesker (jeg er ingen undtagelse), og at de vil tjene penge og vælge bedre aktier end alle andre. Administration af en virtuel portefølje kan være en øjenåbnende oplevelse, såvel som at give dig mulighed for at øve forsknings- og investeringsprocesserne. Tip: Hvis du åbner en virtuel konto, så prøv ikke at investere alle dine penge i den første uge (jeg taler af erfaring). Vær strategisk og vent på store muligheder i stedet for gode.

Åbning af en konto

Når du har lært så meget som muligt, og du forstår det grundlæggende ved at investere og vælge aktier, er det tid til at åbne en egentlig investeringskonto, så du kan begynde at handle rigtigt. Åbning af en konto er vanskeligere for mindreårige end voksne og kræver hjælp fra en værge. Konti for mindreårige kaldes depotkonti. Disse konti giver den mindreårige mulighed for lovligt at handle (i stedet for bare at handle under moderselskabets navn) og har flere fordele. Forvaringskonti beskattes med en lavere sats, endda 0% af mange af de oprindelige gevinster, i stedet for de sædvanlige voksensatser (dette varierer fra sag til sag.) Forvaringskonti overfører automatisk ejerskabet til den mindreårige, når de når en vis alder, enten 18 eller 21 år. Mange platforme tilbyder depotkonti, og i dette afsnit vil fordele og ulemper ved de bedste programmer blive diskuteret.

E*HANDEL - etrade.com

E * TRADE er en af de ældste online mæglere med en lang historie, der spænder fra 1982 til nutiden. E * TRADE er den platform, jeg startede med og i øjeblikket bruger, og tilbyder gensidige fonde, aktier og optioner til $ 0 provision sammen med et komplet udvalg af forsknings- og analytikerværktøjer.

Depotbrugere får deres eget login.

Charles Schwab - schwab.com

Charles Schwab er et af de største investeringsselskaber i verden og tilbyder $ 0 provision handler sammen med en bred vifte af forskningsværktøjer. De tilbyder depotkonti, der bruger det samme login som en eksisterende værgekonto. Når det er sagt, hvis din værge bruger denne service og ikke ønsker, at du skal være opmærksom på deres økonomiske situation (forudsat at de også bruger Charles Schwab), er denne platform ikke noget for dig. Hvis det ikke gælder for dig, er Charles Schwab en af de bedste allround-muligheder.

Lager – Stockpile.com

Stockpile er en investeringsplatform designet specielt til børn og teenagere. Det tilbyder depotkonti på en enkel og ungdomsvenlig grænseflade, hvor brugerne kan købe brøkdele i store virksomheder. Desværre tilbyder Stockpile kun 1000 eller deromkring af de største amerikanske virksomheder i stedet for det fulde marked, og gebyrer er 99 cent pr. Handel. Stockpile har indledende lektioner om investering og giver mulighed for at sende aktie "ønskelister". Samlet set er det en anstændig mulighed for nogen, der leder efter en forenklet mulighed. En næsten identisk platform er elsket på loved.com

TD Ameritrade - tdameritrade.com

TD Ameritrade er en platform, der er designet til brugere med erfaring og giver adgang til nogle af de bedste forskningsværktøjer på markedet. Depotkonti tager $ 0 provision og tilbyder depotkonti med fokus på opsparing til college.

Troskab - fidelity.com

Fidelitys platform tilbyder et komplet udvalg af forskningsværktøjer sammen med tilgængelig investeringsanalyse fra eksperter på området. Fidelity tilbyder depotkonti med $ 0 provisioner, ingen gebyrer og ingen minimumssaldo. Samlet set er Fidelity et generelt anstændigt valg for aktive investorer.

Fortrop - vanguard.com

Vanguard er en af de største mæglertjenester i verden og tilbyder depotkonti med $ 0 provision og ingen gebyrer. Vanguards fokus og speciale er gensidige fonde og ETF'er, som gør platformen bedre egnet til langsigtede investorer og udbytteinvestorer.

Foretag din første investering

På dette tidspunkt skulle du have besluttet, hvilken platform du vil investere med. Med din forælders hjælp kan du starte processen med at åbne en konto. Du er klar til at begynde at investere rigtige penge i det rigtige marked, og for at gøre det har du brug for penge selv. Prøv at samle mindst et par hundrede dollars til at starte, men meget vigtigere forsøge at konsekvent tilføje penge. Husk lektionen om sammensat rente i fordelsafsnittet, og husk på, at hver dollar, du investerer i dag, vil være eksponentielt mere værd i fremtiden. For at hjælpe dig, hvis du leder efter nogle ekstra penge at investere, lad os gå over 5 af de bedste måder at tjene penge på som teenager, som jeg alle personligt kan stå inde for.

Du spørger måske dig selv: Hvorfor så meget snak om at tjene penge og snart spare penge, når dette er en bog om investering? Nå, penge og aktiemarkedsinvesteringer er sammenflettet. At sikre succes på aktiemarkedet starter med at tjene og styre penge. Derudover er pengeindtjening og pengehåndteringsfærdigheder vigtige for at sikre livslang økonomisk frihed. Lad os uden videre tjene nogle penge!

Tjen penge som teenager: Top 5 virksomheder

Tjen penge # 1: Videresalg

Ingen teenager business guide ville være komplet uden videresalg. Som min personlige favorit har jeg fundet videresalg som den nemmeste måde at tjene penge på, startende med ingen penge eller meget få penge. Jeg plejede at videresælge til en værdi af $ 500 - $ 1000 om måneden (solgt, ikke tjent) i årevis. Ud over pengene finder jeg videresalg at være en fornøjelig satsning, fordi processen og produkterne er varierede. Lad os dykke ned i, hvad videresalg er, flipens kunst, hvordan du kan komme i gang i dag med $ 0 og en mulighed for dem, der hurtigt ønsker at skalere deres forretning.

Videresalg er dybest set at købe ting og sælge dem for mere, end du har betalt. Med internettet kan du videresælge næsten alt samt nå hundreder af millioner af forbrugere alt sammen fra en computer eller mobilenhed.

For at videresælge skal du først finde varer, der senere kan sælges med fortjeneste. Det er bedst at købe fra dit samfund, fordi lokale sælgere normalt ikke er fokuseret på deres fortjeneste; I stedet lægges der vægt på at slippe af med det, de sælger. (Tænk en travl mor, der prøver at passe ind i forårsrengøring.) Hvis du vil købe lokalt, skal du tjekke følgende apps:

Del 2: Kom godt i gang 17

        o   Næste dør – nextdoor.com

        o   OfferUp – offerup.com

        o   5miles - 5miles.com

        o   Craigslist – craigslist.com

        o   Mercari – mercari.com

Kombineret giver disse apps en ekstremt grundig database over alt, hvad der sælges i dit samfund. Hvis du starter med $ 0, skal du være opmærksom på bremsealarmer eller for noget, der gives væk gratis. Nextdoor er efter min erfaring det bedste sted at gøre dette. Mens du er på apps, skal du sørge for at være på udkig efter garagesalg og ejendomssalg samt salg af individuelle varer. Et andet godt sted at finde lager er i genbrugsbutikker. Goodwill, Frelsens Hær og lokale genbrugsbutikker kan være gode steder at købe varer til underpris.

Hvis du ikke er sikker på, hvad der vil sælge, og hvad der ikke vil, skal du gå til eBay. Søg efter en vare (eller brug billedsøgningsfunktionen), gå derefter til filtre og indstil "Solgte varer". Dette viser ikke, hvad en vare er opført for, men den pris, folk historisk er villige til at betale for den. Kontroller derefter datoen for de solgte varer. Du vil købe varer, der sælger konsekvent; Sigt efter en om dagen. Dette vil sikre, at der er nok efterspørgsel på markedet til at imødekomme dit udbud.

Med alle de ressourcer, der er nævnt ovenfor, bør det ikke være et problem at finde lager at sælge. Den næste del af videresalgsprocessen er at sælge. Der er to måder at sælge på: offline og online. Salg online, såsom via eBay, er fantastisk til nicheartikler, der kun appellerer til en lille gruppe mennesker. Da disse mennesker sandsynligvis ikke er placeret tæt på dig, giver onlinewebsteder en fantastisk måde at nå ud til disse kunder på. Imidlertid tager eBay og lignende websteder ca. 20% nedskæring (når PayPal gebyrer er kastet ind) af noteringsværdien. Selvom brugere under 18 år ikke lovligt kan bruge eBay (eller PayPal), giver eBay brugere under 18 år mulighed for at bruge en voksens konto med kontoindehaverens tilladelse. At sælge offline gennem ovennævnte apps er bedre, fordi det øger overskuddet med 20% sammenlignet med at sælge online og sparer tid, der ellers bruges på emballage og forsendelseskasser. At sælge offline er bedre for varer, der appellerer til et stort publikum og sandsynligvis vil sælge i dit samfund.

Notering på eBay

Her er nogle hurtige tips til at hjælpe dine eBay-fortegnelser med at sælge hurtigere.

1. Optimer titel, undertekst og beskrivelse

I titlen skal du tydeligt vise navnet på din vare samt et eller to højdepunkter, såsom "Helt ny" eller "Original emballage." Brug underteksten til at uddybe et højdepunkt. Brug beskrivelsen til grundigt at forklare varen, og sørg for at nævne eventuelle skader samt eventuelle positive funktioner. Jeg vil altid gerne afslutte beskrivelsen med en variation af følgende sætning: "Lad mig vide, hvis du har spørgsmål eller bekymringer. Tak!" Skriv derefter dit navn. Hvis du gør dette, tilføjes personlighed og hjælper køberen med at oprette forbindelse til den vare, de køber, hvilket øger sandsynligheden for et salg og sandsynligheden for at modtage en positiv anmeldelse.

2. Pris

90% af mine annoncer bruger Køb nu i stedet for auktioner. Sørg for aldrig at bruge auktioner, medmindre den vare, du sælger, er meget efterspurgt, og du er sikker på, at der vil opstå en budkrig. Hvad angår pris, skal du sørge for at have den laveste (inden for rimelighedens grænser) pris for nicheartikler med mindre målgrupper, og for varer med stor efterspørgsel, der sælger flere enheder om dagen, skal du indstille prisen til at være omkring gennemsnittet. Hvis du har en vare, der ikke sælger, kan du overveje at promovere den via eBay. Du vil kun blive opkrævet, hvis varen er købt gennem kampagnen, og priserne er rimelige. Sørg for at aktivere Easy Pricing, som automatisk sænker noteringsprisen med 5% hver 5. dag, indtil en vare sælges.

3. Billeder

Hvis din vare er helt ny eller ubrugt (original emballage er ikke nødvendig for at gøre dette), skal du bruge stockfotos fra producenten. Hvis ikke, så tag dine egne billeder og sørg for at prioritere god belysning.

Problemet med eBay, såvel som det største problem, som forhandlere står over for, ligger i at skalere virksomheden. Videresalg, fra at finde, notere og sende varer tager tid, og effektivt at vokse en videresalgsvirksomhed er hårdt arbejde. Som en løsning anbefaler jeg at købe likvidationspartier fra liquidation.com. At købe paller med returnerede varer (uden at komme for meget ind i likvidationsvirksomheden) giver dig dybest set mulighed for at kondensere købsvarer lokalt til at købe snesevis eller hundredvis af varer online i et enkelt køb. Hvis du er interesseret, skal du sørge for at lave din egen research. Hvis det gøres rigtigt, er det ekstremt rentabelt og meget lettere at skalere end alternativer.

Det afslutter videresalg til teenagere. Det er virkelig en fantastisk forretning, der kun er muliggjort i nyere tid af internettet, og uden tvivl bør udnyttes. Dernæst handler alt om servicevirksomheder.

Tjen penge # 2: Servicevirksomheder

Servicevirksomheder er alle virksomheder, der involverer at levere en service til en anden. Som teenager er servicevirksomheder den nemmeste måde at tjene penge hurtigt på. Almindelige servicevirksomheder for teenagere omfatter vask af biler, børnepasning, walking hunde og hus / kæledyr sidder. For at starte en servicebaseret virksomhed behøver du kun et par basale forsyninger (såsom en spand og klude til vask af biler), og den sværere del af virksomheden drejer sig om at finde kunder. Brug først dit kvarter eller lejlighed som en ressource. Folk, der kender dig, er meget mere tilbøjelige til at købe fra dig. Nogle virksomheder, såsom vask af biler, involverer simpelthen at gå fra dør til dør. Andre kræver mere tillid mellem udbyderen og klienten, såsom en børnepasningsvirksomhed eller en hundeluftningsvirksomhed. (Babysitter Tip: Tag Røde Kors Babysitter kursus og bliv certificeret; forældre elsker det.) For disse virksomheder skal du få ordet ud, starte med et par familiemedlemmer, venner eller naboer og gøre dem virkelig, virkelig glade kunder. Så længe du leverer god service, vil mund til mund sandsynligvis tage sig af at udvide din kundebase.

Hvis du overvejer at starte nogen af de nævnte servicevirksomheder, skal du huske dette: forholdet kommer først. At holde dine kunder glade og udføre kvalitetsarbejde vil gøre det muligt for din virksomhed at vokse, samt opbygge færdigheder og en arbejdsmoral, der varer hele livet. Som et sidste tip skal du huske, at servicebaserede virksomheder er centreret om dig. Sørg for at klæde dig præsentabelt, dukke op til tiden og være respektfuld. Hvis du gør alle disse ting, vil du være godt på vej til at tjene gode penge.

Tjen penge # 3: Deltidsjob

Da dette stort set er selvforklarende og udelukker yngre teenagere, vil jeg kun dække det kort. At få et deltidsjob er en fantastisk mulighed for at skabe en konsekvent og pålidelig indtægtskilde samt at få en smag af en typisk voksen arbejdsdag. Hvis du får et job, så prøv at gøre noget, du nyder, fordi job for teenagere (med undtagelser) typisk er på den monotone side.

Tjen penge #4: Freelance

Hvis du har et unikt talent eller færdighed, er freelancing sandsynligvis noget for dig. På grund af nyligt introducerede tjenester som Fiverr og Upwork (fiverr.com og upwork.com) kan du bruge dine evner til at tjene gode penge. Uanset hvad din dygtighed er, skal du starte billigt og hæve dine priser, efterhånden som dit omdømme og antallet af anmeldelser vokser. Husk, ligesom servicevirksomheder, har freelancing meget at gøre med dig, så sørg for at svare rettidigt og sætte kunden først. Hvis du gør dette og bygger en velrenommeret online persona, kan freelancing være en god og sjov måde at tjene penge på.

Tjen penge # 5: Online virksomheder

Lige siden internettet dukkede op (mere i de senere år), er forretningsmuligheder, der ikke kræver andet end en enhed og en internetforbindelse, blevet mere og mere almindelige. Som teenager, der sandsynligvis er vokset op omkring moderne teknologi og naturligt bliver dygtig, er det perfekt at starte en online-forretning. Vi dækker 4 af de bedste udelukkende online (ikke del-online, som videresalg på eBay) virksomheder, som jeg alle personligt har haft erfaring med. Husk, at følgende kun er en introduktion til disse virksomheder, så der kræves mere forskning, hvis du er interesseret i at komme i gang. Alle følgende virksomheder kræver bogstaveligt talt $ 0 for at starte, hvilket gør dem ideelle til en teenager, der starter med lidt kapital.

Online forretning 1: Kindle Direct Publishing (KDP)

Det ville ikke være rigtigt ikke at starte online forretningslisten med KDP, fordi denne bog blev oprettet gennem KDP. Kindle Direct Publishing fra Amazon giver alle, hvor som helst i verden, mulighed for at tilmelde sig gratis og uploade dokumenter, der derefter er opført til salg på Amazon og Kindle. Når nogen køber bogen, udskriver og sender Amazon den til dig, og derefter går en del af listeprisen direkte til din bankkonto. Denne forretningsmodel, kaldet print-on-demand, kræver ingen omkostninger og ingen investering, hvilket gør den perfekt til nogen, der ønsker at tjene penge på ingenting eller på en lille investering. Det er det, der gjorde det muligt for denne bog at nå sekscifret salg på under et år helt gennem mund-til-mund.

Kort sagt er den strategi, jeg bruger, at tage et emne, jeg kender godt (du behøver ikke at være en fantastisk forfatter for at gøre dette, selvom det foretrækkes), og derefter skrive en kort, men ekstremt beskrivende og grundig fagbog om emnet. For at starte skal du bare åbne et Google- eller

Word-dokument og begynde at skrive om alt, hvad du er yderst vidende om. Hvis du ikke føler, at du ved nok om et emne til at skrive om det, skal du vælge noget, du brænder for, og lave masser af research. Når du har skrevet din bog (tip: et godt bogudseende har Garamond-skrifttype, skrifttype i størrelse 11 og 1.15 tommer afstand), skal du tilmelde dig KDP på kdp.com (du kan tilmelde dig ved hjælp af en Amazon-konto) og uploade den. Brug derefter professionel software, photopea.com (som et gratis alternativ) eller Amazons gratis Cover Creator-software (bruges under udgivelse af en bog om kdp.com) til at designe et omslag. Efterskrift, bare sæt en pris og frigiv dit arbejde til verden. Selvfølgelig vil din bog sandsynligvis ikke magisk sprænge, men hvis du promoverer din bog og / eller reklamerer for den, begynder du at rangere i Amazon og få mere salg. Som et alternativ til at skrive en bog kan du betale professionelle forfattere på Fiverr eller Upwork for at skrive en bog til dig. Bare ved, at ghostwriter-metoden ville kræve en meget større investering. Samlet set er KDP en enorm, for ikke at nævne umættet, mulighed, der bør udnyttes, hvis du har nogen interesse i at skrive.

Online forretning 2: Merch af Amazon (MBA)

Merch By Amazon er en umættet online-forretning, der appellerer mest til kunstnere såvel som kreative mennesker generelt. Merch By Amazon bruger det samme koncept som KDP, undtagen med overkropstøj. Grundlæggende kan alle uploade designs, digitalt få deres designs sat på tøj og derefter liste det tøj på Amazon. Når nogen køber tøjet, foretager

Amazon udskrivning og forsendelse, og du får en del af pengene leveret direkte til din bankkonto. Alt hvad du behøver er fantastiske designs, som folk vil købe. Hvis du ikke er kunstner (forresten, hvis du kan lide at lave memes, er dette noget for dig), skal du bare tage den viden, du har fået ved at gøre det, du brænder for, finde ud af, hvad der er populært i det rum, og derefter finde ud af, hvordan du anvender disse tendenser på design. Software som Photoshop er optimal til design, men gratis muligheder som photopea.com er tilgængelige (investeringen på $ 30 pr. Måned for Photoshop vil sandsynligvis betale sig selv inden for et par måneder.) I modsætning til KDP kræver Merch By Amazon en ansøgning for at komme ind, og mindre end 10% (sandsynligvis meget mindre end det) af ansøgerne bliver accepteret. Amazon begrænser mængden af nye skabere for ikke at oversvømme markedet, og selvom du bliver accepteret, bliver du sandsynligvis nødt til at vente 6 måneder i den digitale "linje". Når det er sagt, er det muligt at komme ind, og hvis det er noget, du er interesseret i, skal du sørge for at give det et skud på merch.amazon.com.

Online Business 3: Affiliate Marketing

Affiliate marketing er dybest set forretningen for virksomheder, der betaler dig for at sælge deres produkter. Når du med succes sælger deres produkter til en kunde, tjener du en provision ud af, hvad kunden betaler. Lad os for eksempel sige, at firma X sælger et vægttabskursus til $ 99. Du kan skrive om kurset, og din tante kan tilmelde sig ved hjælp af dit link.

Når hun betaler $ 99 til firma X, betaler firma X dig derefter $ 30. Det smukke ved dette system er, at firma X er glad, fordi de har fået en ny kunde, du er glad, fordi du fik betalt, og din tante er glad (forhåbentlig), fordi hun købte et produkt eller en tjeneste, hun elsker. Mens affiliate marketing kan skaleres gennem annoncering, er det bedst at holde det enkelt for nogen, der lige er begyndt. Først skal du tilmelde dig Clickbank på clickbank.com. Clickbank vil give en database over alle de affiliate tilbud virksomheder i øjeblikket tilbyder. Vælg derefter et produkt eller en tjeneste, du tror på, og spred ordet i hele dit samfund og på sociale medier. Hvis folk bruger dit link til at tilmelde sig, bliver du betalt. Bedst endnu, nogle tilbud er til abonnementer, hvilket betyder, at du får betalt hver måned, så længe kunden forbliver abonneret.

Det er bare en intro, men mulighederne for affiliate marketing går langt ud over de beskrevne græsrodsmarkedsføringsteknikker. Hvis det er noget, du nyder, skal du undersøge, fordi der er meget at lære. Dette afslutter online forretning 3 og fører os til den sidste online-forretning, som især er sidst, fordi det er det sværeste på denne liste at give værdi på kort sigt, selvom de langsigtede fordele er enorme.

Online forretning 4: Sociale medier

Sociale medier er bestemt ikke den hurtigste måde at tjene penge på og er ikke en god idé, hvis du ønsker at tjene penge til at investere inden for et par måneder.

Det fortjener det sidste sted på denne liste, fordi jeg har fundet det at være det sjoveste ud af nogen af de andre virksomheder på denne liste, og den langsigtede økonomiske værdi kan være enorm. Der er så mange måder at tjene penge på med sociale medier, så for at spare tid dækker jeg kun de 3 bedste måder, jeg tjener penge på med sociale medier.

De to første måder at tjene penge på med sociale medier involverer Instagram. Jeg startede med Instagram i 2018, og fra 2021 har jeg vokset et personligt brand op til at have mere end 60,000 følgere, et samlet netværk på 100,000+ følgere og på nogle punkter administrerede konti med i alt mere end 500,000 følgere, alt imens jeg solgte produkter, konti og tjenester. Jeg fortæller dig dette for at påpege potentialet i sociale medier som en virksomhed og som et værktøj til at nå et publikum, især for dem, der er vokset op omkring og blevet dygtige til sociale medier. For at tjene penge med Instagram skal du først have et stort og dedikeret publikum. Her er et par hurtige tips til at hjælpe dig med at oprette en konto:

Vokser på Instagram
1. Myter
Først bliver vi nødt til at åbne den største Instagram-vækstmyte, og det er følgende: Det er nemt. I dag, på et overmættet marked fyldt med mennesker, der er smartere, flottere, hårdere arbejdende og mere talentfulde end dig, er det så meget vanskeligere at vokse en konto, end

folk tror. Du kan se en konto med hundrede tusinde følgere og tro, at de lige har været heldige eller sendt en video, der blev viral, og de kom pludselig til, hvor de er. Men bag kulisserne arbejdede skaberen af denne konto sandsynligvis i timevis, dag efter dag, måned efter måned, for at finde det bedste indhold og optimere det. Efter min mening er resultaterne det værd, men hvis du ikke nyder det, skal du bare ikke gøre det. Senere gennemgår vi en strategi for at tjene penge på Instagram, der ikke kræver at vokse en konto og tager meget mindre tid. Hvis du er inde, skal du fortsætte med at læse.

2. Opret og optimer en konto

Først skal du oprette en konto. Der er to forskellige slags konti, du potentielt kan oprette: en personlig side eller en temaside. En personlig side er en konto, der handler om dig, og en temaside er fokuseret på et bestemt emne. For eksempel har jeg en personlig fitnessside, i øjeblikket på 18k følgere, og en temaside om fitness, i øjeblikket på lidt over 22k følgere. Temasider er lettere at dyrke, fordi sidens tema allerede har et dedikeret publikum, mens en personlig side er vanskelig at dyrke, medmindre du har et særligt talent, eller du giver noget, der får folk til at følge dig, såsom at levere uddannelsesvideoer om et emne, du specialiserer dig i.

Når du har valgt, hvilken type konto du vil starte, skal du optimere den. Det betyder, at du skal gøre alt, hvad du kan for at gøre kontoen klar til at vokse, før du sender. Start først med navnet på kontoen. For en personlig side skal du bruge en variation af dit navn, eller hvis siden er fokuseret på noget, du gør, skal du sætte det i titlen (for eksempel: En fitnessside til John Doe kan være @johndoefitness eller @jdlifting). Som temaside skal du sørge for, at din titel formidler nøjagtigt den type indhold, du vil levere. En virksomhedsrelateret konto kan f.eks. navngive sig selv @topbusinesstips, og @petrabbits fungerer muligvis for en konto (du gættede rigtigt) om kæledyrskaniner. Når du har navngivet din konto, kan du gå videre til beskrivelsen, almindeligvis kendt som bio. Alle mine konti bruger en strategi, der inkorporerer emojis og linjer til rent at formidle nøglepunkter om kontoen. Sådan kan en biografi se ud for @petrabbits. Bemærk: For en temaside kan navneindtastningen bruges til noget andet end skaberens navn, i dette tilfælde "Tips til kaninejere." En personlig side skal naturligvis sætte deres navn i navneafsnittet.

    Tips til kaninejere
      😃| Kun de bedste oplysninger ☺
      🔥 | Et hjem for kaninejere
          Følg for dagligt kaninindhold !!

Du kan bruge dette format til at optimere din biografi og tydeligt formidle formålet med din konto. Sørg derefter for at ændre kontoen til en virksomheds- eller kreatørkonto (indstillinger < konto < professionel konto), så du kan se kontoindsigt, hvilket igen hjælper dig med at optimere din konto yderligere. Når dette er gjort, skal du tilføje et profilbillede. Sørg for, at billedet er visuelt tiltalende, ikke for forvirrende og er relevant for formålet med din side. Endelig følg nogle af de bedste influencers eller temakonti i din niche og indstil kontoen til offentlig. Nu, hvor du har gennemført alle disse trin, er din konto optimeret og klar til brug.

3. Optimering af din bogføringsstrategi

Dernæst skal du bestemme, hvilken type indhold du vil slå op, og hvor ofte du vil slå det op. En personlig side bruger indhold om sig selv; En temaside kan enten designe deres eget indhold eller bruge andres indhold og give kredit. Beslut, hvad der er bedst for dig baseret på de værktøjer, du har adgang til, og den tid, du er villig til at investere i at oprette dine indlæg. For hvert indlæg skal du bruge en tankevækkende beskrivelse. En beskrivelse skal have en krog øverst (noget for at fange læserens opmærksomhed og holde dem engagerede), og mindst 50% af indlæggene skal have en lang billedtekst under krogen, der fortæller en historie eller forklarer et emne. Beskrivelsen behøver ikke altid at være nøjagtigt relateret til indlægget. (For eksempel kan en fitnessinfluencer sende et billede af dem, der træner, og derefter skrive om deres yndlingsproteinshake i beskrivelsen.) Til sidst skal du bruge et iøjnefaldende format til at bede følgeren om at engagere sig og tilføje hashtags nederst.

Sådan kan en opslagsbeskrivelse se ud for @petrabbits:

> Denne undersøgelse viser, hvorfor dine kaniner har brug for en sund kost :) Kommenter, hvis du synes det ☺

Del 2: Kom godt i gang

✓ Sørg for at følge os for mere dagligt kaninindhold

✓ Hvis du har spørgsmål, så lad os det vide

#petrabbit #petrabbits #rabbit #rabbitowner #rabbitowners #rabbittips #rabbittip #rabbitfood #howtoraisearabbit #howtoraiserabbits

Sørg for at variere populariteten af hashtags, du bruger (brug 20 - 25 pr. Indlæg, 5 skal have 1 million + indlæg, 10 skal være under 500k, og 10 skal være under 100k) samt variere det sæt hashtags, der bruges, som i, brug ikke de samme 25 hashtags på alle dine indlæg. Nu hvor dine indlæg er optimeret, skal du vide, hvor ofte du vil sende og hvornår. For at besvare hvornår, skal du blot tjekke din indsigt (indsigt vil kun være nøjagtig, når en konto har sendt konsekvent i mindst et par uger) eller google "bedste tidspunkter at skrive på Instagram."

For at finde ud af, hvor ofte du skal poste, skal du forstå dette: For at vokse på Instagram i dag skal du sende en baseline på 1 indlæg om dagen og mindst 3 eller 4 historier om dagen for en personlig konto og 2 indlæg om dagen sammen med 6 - 7 historier om dagen for en temakonto. Medmindre du er en berømthed eller har en anden kilde til at tiltrække tilhængere, er det den barske virkelighed. At vokse på sociale medier tager meget tid og arbejde (husk, resultaterne er eksponentielle og er typisk langsomme i de første par måneder), så som jeg har sagt før, gør det kun, hvis du elsker det.

4. Vækststrategier

Sidste op er vækststrategier. For at vokse hurtigt skal du lave så mange shoutouts som muligt (sfs er et almindeligt middel til at bede om en shoutout og betyder "Shoutout For Shoutout") med relevante konti. Kommenter andres indlæg i din niche, og engager endelig brugere flere gange om dagen gennem historier, specifikt spørgsmål og afstemninger. Konsekvent udførelse af disse trin vil øge din vækst betydeligt. Som et sidste tip skal du aldrig købe følgere eller råb, der lover tilhængere. (Hvis du er interesseret i græsrodsmarkedsføringsteknikker, skal du sørge for at google Gary Vanyerchucks $ 1.80 marketingstrategi.)

Det er alt for at vokse på Instagram. Næste op er, hvordan du tjener penge på din konto og tilhængere. Først skal du sælge shoutouts. Dette kan kun gøres, hvis du har en betydelig tilhængerskare, men når du først har en følgende, er det en nem indtægtskilde. I din biografi skal du tilføje en linje, der siger "DM mig for shoutouts", hvis du vil forfølge denne strategi.

Da Instagram forbinder dig med et stort publikum, er en anden god måde at tjene penge på en konto at sælge til dit publikum. Affiliate marketing og Clickbank er to nemme måder at generere indtægter uden at udvikle dit eget produkt. Hvis du har dit eget produkt eller produkter at sælge, skal du gå efter det. Bare husk ikke at være for "salgsagtig". Som regel skal du nævne dit produkt i 1 ud af hver 10 indlæg. Glem ikke at tilføje et link i webstedsafsnittet i din biografi, der leder brugerne til dine produkter.

Det er de to bedste måder at tjene penge på med en stor konto, men det er svært at vokse en konto, og der er en meget lettere metode til at tjene penge på Instagram, en der ikke kræver at vokse en konto. Denne metode er ved at videresælge eller "vende" Instagram-konti. Husk, at alt kan videresælges, og Instagram-konti er ingen undtagelse. Ved hjælp af virtuelle markedspladser kan du købe Instagram-konti billigt og sælge dem for mere. Her er de 3 bedste websteder til at købe og sælge Instagram-konti på:

- Socialtradia.com
- Fameswap.com
- Insta-sale.com

Før du køber en konto, skal du sørge for, at tilhængerne ikke er falske (tjek app.hypeauditor.com og influencermarketinghub.com for at udføre kvalitetskontrol) og sørg for, at kontoen har højt engagement. Endelig skal du altid købe gennem escrow-tjenesterne på et af de ovennævnte websteder og aldrig gennem PayPal, Cash App eller en bankoverførsel.

Det dækker de bedste 2 måder at tjene penge på Instagram (for at opsummere: gennem voksende konti og vende konti), og lad os nu gå videre til den tredje bedste måde at drage fordel af sociale medier: YouTube.

YouTube

Siden jeg begyndte at skrive på YouTube i 2018, har jeg samlet 2500 abonnenter og mere end 400,000 visninger sammen med en gennemsnitlig udbetaling på $ 7.48 pr. 1000 indtægtsgenererende visninger. Selvom jeg måske ikke har det største publikum, har jeg været i stand til at tjene et betydeligt beløb gennem annoncer, merch og en e-bog, der er relateret til kanalen. At starte og dyrke en YouTube-kanal er en enorm opgave, og jeg vil bare efterlade dig med et par tip. Først skal du sørge for, at du sender videoer om noget, du elsker. YouTube kræver arbejde og nyder det, du gør, og at finde det meningsfuldt er den eneste måde at forhindre udbrændthed og holde kanalens levetid i live.

For det andet skal du forstå, at ikke alt behøver at være perfekt, når du starter. Optagelse på din telefon, på dit værelse og uden at være en flot glat taler er helt fint. Sjov kendsgerning: Jeg har en video, der i øjeblikket har mere end 160,000 visninger, der fik min bror, der var 8 på det tidspunkt, til at vandre på kamera og lege med slim. Jeg bemærkede det aldrig under optagelserne eller i postproduktionen, og som et resultat har 160.000 mennesker set min største fejl som indholdsskaber.

Derefter skal du etablere en konsekvent bogføringsrutine. Prøv at poste mindst samme dag (pr. uge) og endnu bedre på samme time, så dit publikum begynder at forvente dine videoer og være klar til at se dem. Endelig, når du har et etableret publikum, skal du bruge ressourcer som Merch By Amazon (merchbyamazon.com) og KDP (kdp.com) til at tjene penge gennem dit publikum. Det er bare en introduktion til at vokse og tjene penge på YouTube. Emnet er enormt, og hvis det er noget, du er interesseret i, skal du lave din egen research.

Det afslutter med at tjene penge med sociale medier såvel som de top 5 virksomheder, som teenagere kan starte. Hvis du vil have specifikke tips om nogen af de nævnte virksomheder, kan du sende mig en e-mail på tradingforteens@gmail.com.

Nu hvor du er på vej til at tjene penge, bør du lære at effektivt styre og spare dine penge, så du har mere at investere.

Spar penge som teenager: De 3 bedste tip

Ude af øje, ude af sind

Den første og muligvis den mest effektive pengebesparende regel er ideen om, at hvis penge holdes ude af syne, vil de blive set mindre og derfor brugt mindre. Det er nemt at købe den chokoladebar eller den nye sweatshirt, mens du bærer en tegnebog fyldt med penge, og i en stadig mere digital verden giver tjenester som Apple Pay og PayPal folk nem adgang til deres penge fra deres enheder. Selvom dette kan være nyttigt, gør teknologien det nemt at impulskøbe i stedet for at træffe tankevækkende beslutninger, der i sidste ende afspejler dine bedste langsigtede interesser. For at imødegå impulsforbrug skal du bruge reglen Ude af syne, ude af sind. Målet er at gøre dine penge mindre tilgængelige, så du kan spare og investere mere. For at starte, læg kontanter et sted, der kræver indsats for at komme til. Endnu bedre, giv det til en værge og bed dem derefter om at kræve, at du omhyggeligt forklarer, hvorfor du vil have dine penge. De samme regler gælder for kredit- og betalingskort. Hvis du i øjeblikket har normale forbrugsvaner, vil du se næsten øjeblikkelig forbedring i det beløb, du er i stand til at spare. For at lære mere om, hvordan små køb påvirker din økonomi, tjek bøgerne, *Den automatiske millionær* og *Millionæren ved siden af*. Imidlertid bliver kontanter mindre og mindre almindelige. Hvis du har en telefon, skal du også låse den ned. Afbryd forbindelsen mellem Apple Pay og Samsung Pay for at forhindre let forbrug fra din telefon og flytte penge væk fra PayPal for at forhindre nemme impulskøb online. Til dem med et job eller en konsekvent lønseddel, der kommer ind, skal du automatisk sende 50% (eller så meget som du ønsker) af din indkomst til din aktiehandelskonto. På denne måde, når du modtager dine penge, vil du allerede have sparet en betydelig del af din indkomst. Alle disse tips er gode, men i slutningen af dagen bliver du sandsynligvis nødt til at bruge nogle penge, såsom mens du bruger tid sammen med venner eller familie. Målet med Out of Sight, Out of Mind er ikke helt at forhindre dig i at bruge penge; Det er for at hjælpe dig med kun at bruge penge på det, der virkelig gør dig glad og eliminere køb, du senere ville fortryde.

Start ved slutningen

Et godt andet skridt til at hjælpe dig med at spare penge er så at sige at starte i slutningen. I enklere vendinger skal du sætte mål. Det kan være svært at spare penge, fordi det bekæmper det naturlige ønske om kortsigtet tilfredsstillelse. Dybest set er motivationen der ikke. At have trinvise mål og nå dem vil frigive dopamin, ligesom den kortsigtede tilfredsstillelse, som penge kan købe. Derfor er det at have et stort mål, siger at spare $ 1000, og trinvise mål, såsom at spare $ 50 om ugen, en effektiv måde at gøre det sjovt at spare penge på samt tilpasse det til din hjernes naturlige instinkter. For bedst at bruge denne strategi skal du oprette mål, der kan nås hver uge, samt et omfattende slutmål. Slutmålet skal tage mindst flere måneder at gennemføre, ellers ville det ikke føles "det værd".

For eksempel kan nogen, der ønsker at spare penge, bruge dette som deres SMART-mål: Jeg vil spare $ 500 i de næste 3 måneder for at investere i aktier. Jeg vil gøre dette ved at passe mine naboer og spare det tillæg, mine forældre giver mig. Jeg vil nedbryde mit mål ved at spare $ 50 om ugen. Her er lidt plads til at skrive dit eget SMART-mål, der hjælper dig med at spare penge til at investere:

For at lære mere om den (jeg kan være forudindtaget, men meget interessant) verden af viljestyrke, motivation og tilfredsstillelse, skal du sørge for at tjekke følgende bøger: *The Willpower Instinct* af Kelly McGonigal og *HighPerformance Habits: How Extraordinary People Become That Way* af Brendon Burchard.

Køb smart

En tredje regel, der hjælper dig med at spare penge, handler om at shoppe smart. Dette afsnit handler ikke om at fjerne dine indkøbsvaner; Det handler om at hjælpe dig med at spare penge, mens du handler ved kun at købe varer, du virkelig ønsker.

Først skal du sove på det. Som nævnt ovenfor kan impulskøb være et stort spild af penge. Hvis du overvejer at købe en vare af betydelig værdi, skal du ikke straks købe den. Tag en nat til at tænke over det. Hvis du vågner op, og varen er noget, du virkelig tror, du vil elske og vil tilføje værdi og lykke til dit liv, skal du gå videre og købe den. Du vil dog ofte vågne op og være virkelig, virkelig glad for, at du ikke købte det. Dette er en god regel for alle at implementere, og du vil snart finde penge, der hober sig op.

For det andet skal du ikke købe nyt. (Der er åbenlyse undtagelser fra denne regel; Jeg vil lade det være op til dig at beslutte.) Brug af ressourcer som eBay, genbrugsbutikker, brugte butikker og apps Nextdoor, Letgo, OfferUp, 5miles, Craigslist og VarageSale vil ofte resultere i produkter af god kvalitet til en enorm rabat på detailpriserne. Tag dette eksempel: En af de bøger, der er nævnt i ressourceafsnittet, *Rich Dad Poor Dad For Teens* af Robert Kiyosaki sælger for $ 13.99 på hørbar og $ 9.99 på Targets hjemmeside. Den samme bog sælger (i god stand) for $ 4.19 på thriftbooks.com og andre bogvideresalgswebsteder. Den samme regel gælder for tøj, teknologi og andre produkter. AirPods, der sælges for

Del 2: Kom godt i gang 39

næsten $ 150, koster under $ 100 på websteder som Letgo og OfferUp. (Sjov kendsgerning: Jeg købte et AirPod-etui med kun 1 AirPod for at spare penge. Det kostede kun $ 40.) Tilbud er overalt, hvis du tager dig tid til at lede efter dem.

Som et tredje tip til smart shopping skal du være opmærksom på timingen. Den rigtige timing kan føre til betydelige tilbud og rabatter. Tag Black Friday. Black Friday er universelt kendt som dagen for at få årets bedste tilbud. (Hvis du er i Kina, skal du erstatte Black Friday med Singles Day.) At købe den nye computer, du har sparet op til på Black Friday i forhold til priserne seks måneder senere, ville spare dig for enorme mængder penge. Mens Black Friday kun er en dag om året, tilbyder virksomheder tilbud og rabatter året rundt, og at vide, hvornår du skal købe, kan hjælpe dig med at spare stort.

Hvis du kombinerer de tre tips ovenfor, vil du være den smarteste shopper på blokken såvel som den rigeste. Brug dem klogt og sørg for at dele dem med venner og familie, der (ahem) kunne forbedre deres forbrugsvaner.

Når du har tjent penge, sparet penge, og du er færdig med at lære så meget som muligt, er det tid til at komme til den hårde del: at vælge aktier og tjene penge. Dette afslutter del II, og det er tid til at bevæge sig ind i del III: Aktiemarkedskendskab

Del III: Aktiemarkedskendskab

Før du lærer strategier og metoder til at tjene penge på aktiemarkedet, skal du først forstå nogle af de grundlæggende udtryk og ord, der bruges til at beskrive aktier og evaluere dem. Første gang du ser P / E-forholdet eller indtjeningsopkaldet for en virksomhed, vil du sandsynligvis blive overvældet, men følgende oplysninger vil sætte dig i gang på højre fod. Du behøver ikke at huske hvert ord, bare prøv at forstå de grundlæggende komponenter og ud over det, brug dette indhold som en referenceguide, der kan vendes til, hvis et ord eller koncept ikke forstås senere i din investeringsrejse.

I hele dette afsnit lærer du om følgende:

1. **Grundlæggende vilkår**
2. **Typer af bestande**
3. **Typer af investeringer**
4. **Hvordan man forstår det grundlæggende**
5. **Sådan forstås indtjening**

Grundlæggende vilkår

For at starte skal du lære nogle ord og udtryk, der er kernen i investering. Kun de vigtigere ord er medtaget, da alle termerne derude kunne fylde en bog for sig selv.

Lager

En aktie er en meget lille del af en virksomhed, der sælges på et offentligt eller privat marked. Når værdien af en virksomhed stiger, kan værdien af dens aktie også stige.

Aktiemarked

Aktiemarkedet omfatter offentlige børser, der gør det muligt at købe og sælge aktier. Typisk vil store lande have deres egne aktiemarkeder.

Børs

En børs er relateret til aktiemarkedet, men mens aktiemarkedet er et paraplyudtryk, er en børs, hvor aktierne faktisk købes og sælges. For eksempel er NYSE en amerikansk børs, der tillader amerikanske virksomheder (sammen med nogle internationale virksomheder) at handle offentligt.

Wall Street

Wall Street er gaden i New York, hvor amerikanske børser er placeret. Imidlertid bruges udtrykket Wall Street ofte til at beskrive de mennesker, der arbejder på Wall Street såvel som markedet og markedets bevægelser.

Stock Symbol

Et aktiesymbol er typisk to til fem bogstaver, der repræsenterer en virksomheds aktie. For eksempel er Apples aktiesymbol AAPL, og Amazons er AMZN.

Sektor

Aktiemarkedssektorer repræsenterer forskellige grene af økonomien, som en akties virksomhed opererer i. For eksempel er Apple en teknologivirksomhed, så deres sektor er teknologi. Der er 11 sektorer på markedet, som alle vil blive forklaret senere i bogen.

Portefølje

En portefølje er en samling af mange investeringer, der ejes af en person eller organisation. For eksempel, hvis du ejer aktier i tre forskellige virksomheder, udgør dine beholdninger i disse virksomheder din portefølje.

Udbytte

Et udbytte er en sum penge, som et selskab regelmæssigt vil give til aktionærer, der ejer deres aktier. Udbytte udbetales typisk kvartalsvis (4 gange om året). For eksempel kan virksomheden Johnson & Johnson udbetale omkring 2% af aktiekursen, også kendt som udbytteudbyttet. Hvis du ejer 100 aktier til $ 200 ($ 200 x 100 x 2%), modtager du $ 400 om året i udbytte. Udbytte kan ændres og forbliver ikke nødvendigvis det samme over en lang periode. Som helhed giver udbytte i gennemsnit mellem 1% og 3%, og virksomheder med udbytte har tendens til at være sikrere og konsistente i deres vækst. En god udbyttestrategi er automatisk at geninvestere udbyttepenge, hvilket resulterer i en position, der øger sine beholdninger over tid.

IPO

Børsnoteringen eller børsintroduktionen er lanceringen af en aktie på markedet. For eksempel åbnede virksomheden Lyft (LYFT) til $ 72 pr. Aktie ved børsintroduktionen. IPO'er sker kun én gang pr. virksomhed, når de først noteres på en børs.

Markedsværdi

Et selskabs markedsværdi findes ved at gange aktiekursen med antallet af aktier. Det fungerer grundlæggende som en bestemmelse af værdien af en virksomheds aktie. For eksempel vil et selskab med en aktiekurs på $ 100 og 1.000.000 aktier til salg have en markedsværdi på $ 100.000.000. Som regel (dog med bemærkelsesværdige undtagelser, tag Tesla), jo større et selskab er, jo sikrere er det.

Volatilitet

Volatilitet er sandsynligheden for, at en aktie kan stige eller falde. For eksempel er en aktie, der stiger 8% den ene dag, ned 10% den følgende dag og op 5% den næste dag, mere volatil end en aktie, der stiger 1% hver dag. Volatile aktier er normalt de mest risikable, selvom de ofte har det mest opadrettede potentiale.

Sådan "udfører" du en ordre

Når du afgiver en ordre om at købe eller sælge en aktie, kaldes processen med at ordren er afsluttet, undertiden som "udført" eller som "går igennem". Som en sidebemærkning kaldes den pris, du oprindeligt købte en aktie til, undertiden "købspunktet" eller "indgangsstedet". (Såsom "Jeg kom ind i AMZN til $ 900.")

Begræns rækkefølge

En limitordre er en måde, hvorpå en aktie kan købes. En limitordre giver en køber mulighed for at fastsætte en pris, som de ønsker at købe en aktie til, der ligger under den aktuelle markedspris. Din ordre udføres kun, når lageret rammer denne målpris eller falder under denne målpris. For eksempel kan en grænseordre være at købe 10 aktier i Abbott Laboratories (ABT) til $ 80, mens ABT handler til $ 85. Handlen udføres kun, hvis du kan købe disse 10 aktier til nøjagtigt $ 80 eller til et hvilket som helst antal under $ 80. En smart strategi, mens du køber ind i en aktie, er at indstille en grænseordre lidt under den aktuelle pris. For eksempel, hvis ABT handler til $ 80, kan du placere en grænseordre på $ 76. Dette ville være imod at sætte en ordre til den nuværende pris på $ 80, få aktien til at falde til $ 76 og næsten øjeblikkeligt tabe 5%. Begræns ordrer er den typiske ordretype.

Markedsorden

En markedsordre er en anden type ordre, som du kan placere for at købe en aktie. En markedsordre køber aktien til markedsværdien eller aktiens aktuelle pris. For eksempel, hvis Abbott Laboratories handler til $ 83.45, og der afgives en markedsordre, udføres denne handel straks til $ 83.45. Markedsordrer er mere risikable end limitordrer, fordi du har mindre kontrol over købspunktet, men de er nyttige, hvis du vil indtaste en aktie med det samme.

Bjørn marked

Et bjørnemarked er et marked, der ikke klarer sig godt og går ned. At høre investorer sige, "Åh, bjørnene er tilbage" eller noget lignende henviser til de mennesker, der sælger. Det repræsenterer generelt et negativt syn på markedet og omtales undertiden som bearish.

Bull Marked

Bulls og et tyremarked repræsenterer bagsiden af et bjørnemarked. Bullish investorer tror, at markedet vil gå op og køber. Et tyremarked er et marked, der klarer sig godt, og de fleste aktier på et tyremarked bevæger sig op.

Årsrapport

En gang om året skal en virksomhed levere en årsrapport, der viser nøglestatistikkerne for deres forretning, såsom salg og gæld. Årsrapporter er gode indikationer på, hvordan en virksomhed klarer sig. En virksomheds årsrapport vil stemme overens med en af deres kvartalsrapporter og kan have en enorm indflydelse på aktiekursen.

Fjerdedel

Markedet, såvel som alle virksomheder, følger en finansiel kalender, der indeholder 4 kvartaler. En virksomhed skal rapportere indtjening, som grundlæggende er en beskrivelse af, hvor godt virksomheden klarede sig i det foregående kvartal. En virksomhed med en årsafslutning den 31. december vil have følgende kvartalsplan: januar, februar og marts (Q1); april, maj og juni (Q2); juli, august og september (Q3); og oktober, november og december (Q4). Kvartalsindtjening har stor indflydelse på aktiekursen, og god indtjening såvel som dårlig kan sætte kursen for det næste kvartal eller år.

Lukke

Markeder er ikke åbne for de fleste investorer 24/7. Det amerikanske aktiemarked opererer fra 9:30 til 16:00 EST fra mandag til fredag og er lukket på de fleste større helligdage. Markedslukning refererer simpelthen til det tidspunkt, hvor markedet holder op med at handle for dagen.

Dagshandel

Dagshandel er en metode til investering. Mens de fleste investorer investerer på lang sigt, handler daghandlere ind og ud af aktier dagligt (eller endnu mindre; såsom pr. Minut). For eksempel, hvis en daytrader tror, at en virksomhed vil afsløre et nyt produkt, der vil drive deres aktiekurs op, vil den dagshandler købe aktier. Når nyheden kommer ud, og aktien bevæger sig op 5%, sælger de aktien. Dagshandel er mere risikabelt end langsigtede investeringer og tjener generelt færre penge over en lang periode, selvom det kan være lukrativt, hvis det mestres.

Rally

Et rally er en vedvarende periode med vækst på markedet eller aktien. Mens bull-markeder repræsenterer en længere periode, anvendes rallyer normalt i en kortsigtet sammenhæng. For eksempel kan en rapport, der viser, at arbejdsløsheden har nået et 50-årigt lavpunkt, resultere i et dagslangt markedsrally.

Lydstyrke

Volumen er antallet af gange, en aktie er blevet handlet. For eksempel handles Microsoft (MSFT) millioner af gange om dagen. En mindre aktie som Sorrento Therapeutics (SRNE) handles måske kun et par hundrede tusinde gange om dagen. Stigninger i volumen indikerer normalt en (ofte stor) ændring i aktiekursen, hvad enten den er op eller ned.

Give efter

Udbytte er, hvilken procentdel af aktiekursen et selskab uddeler i udbytte. Lad os for eksempel sige, at JNJs aktie handles til $ 200. Hvis du ejer 1 aktie, modtager du $ 4 om året i udbytte. Ved at dividere 4 med 200 kan vi finde ud af, at udbytteudbyttet er 0,02 eller 2%. Jo højere udbytteudbytte, jo bedre.

Dag Bestil

Hver gang du angiver en limitordre for et lager, skal du også angive den varighed, hvor ordren kan udføres. Dagordrer udføres i løbet af en handelsdag. Andre almindelige varigheder er "60 dage" og "God indtil dato", som henviser til en brugerdefineret dato, der angives.

Analytiker Forskning

Analytikere er mennesker, hvis job er at finde gode investeringer til deres virksomheder. De fleste investeringsplatforme vil have en analytikerundersøgelsesside. Denne side viser alle de oplysninger og vurderinger, der er givet til en aktie af analytikere, der undersøgte den. Mens analytikere ikke altid har ret (for eksempel TSLA omtrent tredoblet på tre måneder på trods af analytikernegativitet), er de oplysninger og rapporter, de giver, nyttige at overveje. Når anerkendte og velrenommerede analytikere skriver en rapport om, at de mener, at en aktie enten vil bevæge sig op eller ned (kaldet "opgradering" eller "nedgradering"), vil en aktie ofte bevæge sig synkroniseret med rapporten.

Insider aktivitet

De fleste investeringsplatforme viser insideraktivitetsoplysninger om aktier. Folk, der arbejder i en virksomhed (typisk i højtstående virksomhedsstillinger) kaldes insidere. Insideraktivitet viser insideres købshistorik på aktien i det firma, de arbejder for. Dette kan være nyttige oplysninger. For eksempel kan du opleve, at administrerende direktør for virksomhed X har registreret købet af 100.000 aktier i hans eller hendes virksomhed. Denne type information kan være meget nyttig til at bestemme et godt tidspunkt at købe en aktie. Nogle insideraktiviteter afspejler dog ikke insiderens viden. "Tildeling af optioner" og "udnyttelse af optioner" repræsenterer insidere, der enten får aktier eller tvinges til at sælge aktier. Dette er forudplanlagt og har intet at gøre med insiderens nuværende mening om virksomheden. Køb og salg af aktien er de eneste insideraktivitetsoplysninger, du skal være opmærksom på.

Bruttoavance

En virksomheds bruttomargin er nettoomsætningen minus fremstillingsomkostningerne for de solgte varer. For eksempel kan en virksomhed sælge 10.000 enheder til en værdi af $ 1 million. Disse 10.000 enheder blev samlet for $ 400.000, og medarbejderomkostningerne til at bygge enhederne var $ 100.000. Det betyder, at bruttomarginen, 1.000.000

- 400.000 - 100.000, ville være 500.000. Hvis du derefter vil konvertere det til en procentdel, skal du dividere dette tal med det oprindelige salgsnummer. 500.000 divideret med 1.000.000 giver en bruttomargin på 0,5 eller 50%. Bruttomargin giver ikke et fuldstændigt overblik over en virksomheds overskud, da udgifter som marketingomkostninger ikke indregnes i bruttomarginen. Men generelt set, jo højere bruttomargin, jo sundere er en virksomhed. Bruttomarginen for en sund virksomhed bør være mindst 20%, selvom dette tal varierer fra branche til branche.

Nettoavance

En nettoavance er et skridt ud over bruttomarginen. Nettofortjenstmargen afslører en virksomheds sande rentabilitet, efter at alle udgifter er betalt. Brug denne ligning til at finde nettoavancen: Nettoavance = Nettoresultat ÷ salg. For eksempel kan en virksomhed have $ 100.000 i salg. Fra de $ 100,000 i salg har virksomheden et overskud efter alle udgifter på $ 30,000. For at finde nettofortjenstmargenen divideres 30.000 med 100.000. Resultatet er 0,3. Multiplicer derefter dette tal med 100 for at få en procentdel. 0,3 ganget med 100 er lig med 30. Derfor er nettofortjenstmargenen 30%. Brug nettofortjenstmargenen til at bestemme den sande fortjeneste, en virksomhed opnår, efter at alle udgifter er betalt.

Afkast på aktiver (ROA)

Afkast på aktiver angiver et selskabs overskud i forhold til værdien af dets aktiver. For at finde ROA skal du dividere nettoindkomsten med de samlede aktiver. Lad os f.eks. sige, at du starter en limonadestandvirksomhed. Du købte bordet, skiltet og alt det andet udstyr for $ 1000. Derefter tjente du $ 250. For at finde dit ROA skal du dividere 250 med 1000. Resultatet er 0,25 og et afkast på aktiver på 25%. ROA kan være nyttigt i følgende situation: En virksomhed med $ 1 milliard i aktiver og tjener $ 1 million i overskud kan være i det grønne med en ROA på .1%, men et andet selskab kan have $ 100 millioner i aktiver og tjene $ 10 millioner i overskud med en ROA på 10%. Virksomheden tjener 100x pengene, mens du bruger 1/10 værdien af aktiver, er sandsynligvis en bedre investering. Jo højere afkast på aktiver, jo mere effektiv er virksomheden til at tjene penge.

Pris/bog-forhold (P/B.

Et P / B-forhold bestemmer, om en aktie er undervurderet eller overvurderet af markedet. For at finde det skal du dividere prisen pr. aktie med den bogførte værdi pr. aktie. Den bogførte værdi af en aktie er den samlede værdi af en virksomheds aktiver minus passiverne. Generelt ser investorer efter et P / B-forhold under 3. P/B-forhold under 1 betyder generelt, at en aktie er meget undervurderet og potentielt en god investering. Forstå dog, at P / B-forhold varierer fra branche til branche, så gør dit hjemmearbejde, før du træffer en investeringsbeslutning baseret på et P / B-forhold.

Pris/pengestrømsforhold (P/CF)

Et P / CF-forhold sammenligner en virksomheds markedsværdi med dens pengestrøm. For at finde det (ved hjælp af en forenklet ligning) divideres aktiekursen med pengestrømmen pr. Aktie. For eksempel har to virksomheder en aktiekurs på $ 100. Det ene selskab har en pengestrøm på $ 10 pr. Aktie, mens det andet har $ 30 pr. Aktie. For at finde deres P / CF-forhold divideres 10/100 og 30/100. I procent ville disse to selskaber have henholdsvis P/CF-forhold på 10% og 30%. Ekstremt høje og ekstremt lave P / CF-forhold er generelt ikke et godt tegn, de fleste virksomheder har et P / CF-forhold, der spænder fra 10 til 20.

Pris/salgsforhold (P/S)

Et P/S-forhold sammenligner en virksomheds aktiekurs med dens omsætning pr. aktie. Omsætning pr. aktie kan findes ved at dividere en markedsværdi med den samlede omsætning. For eksempel har en virksomhed med en aktiekurs på $ 20 og omsætning pr. Aktie på $ 5 et P / S-forhold på 20/5 eller 4. P / S-forhold viser, hvor meget investorer er villige til at betale pr. Dollar salg. For eksempel vil det foregående eksempel vise, at investorer er villige til at betale $ 4 for hver $ 1 omsætning, virksomheden genererer. P/S-forhold er mest nyttige, ligesom P/CF- og P/B-forhold, til sammenligning af virksomheder i samme sektor. I de fleste sektorer er P/S-forhold under 1 fremragende, og 1 til 2 betragtes som gode.

Typer af bestande

Det er meget vigtigt at forstå forskellige typer aktier. Der er mange måder at klassificere en bestand på, og de mest almindelige klassifikationer vil blive forklaret. Den første fælles klassificering af aktier er efter den investeringsstil, de repræsenterer.

Value aktier

Værdiaktier er aktier, der er underprissat og undervurderet sammenlignet med andre lignende virksomheder.

Vækstaktier

Vækstaktier tilhører virksomheder, der vokser hurtigt eller er klar til at vokse hurtigt. Som eksempler kan nævnes Amazon og Lyft (AMZN og LYFT).

Cykliske aktier

Cykliske aktier stemmer typisk overens med markedets præstationer. Hvis markedet stiger, stiger cykliske aktier. Hvis markedet går ned, vil disse aktier sandsynligvis falde med det. Som eksempler kan nævnes Hasbro og HarleyDavidson. (HAR og HOG).

Penny aktier

Penny-aktier er, som navnet antyder, billige og højrisikoinvesteringer. De spænder fra $ 5 til mindre end 10 cent. Selvom de er mere tilbøjelige end blue-chip og indkomstaktier til at have et højt opadrettet potentiale, er de fleste små virksomheder og er derfor mere tilbøjelige til at mislykkes eller gå konkurs. Som eksempler kan nævnes Smith Micro Software og Fortuna Silver Mines (SMSI og FSM).

Spekulative aktier

Spekulative aktier er typisk små eller nystartede virksomheder, der er nye på aktiemarkedet og ikke har nogen track record. De har ofte nye produkter eller udforsker et nyt marked. Spekulative aktier er meget risikable, men har ofte større opadrettede potentiale end store og stabile aktier. Som eksempler kan nævnes Fortress Biotech og Sorrento Therapeutics (FBIO og SRNE).

Blue Chip-aktier

Blue-chip-aktier er fra store, konsekvent rentable og veletablerede virksomheder på toppen af deres industrier. De vokser generelt langsomt, men er lavrisiko og normalt sikre. Virksomheder som denne omfatter Johnson & Johnson (JNJ) og Apple (AAPL).

Indkomst Aktier

Indkomstaktier er ofte også blue-chip-aktier og betaler typisk højt udbytte. De omfatter nogle af de mindst risikable aktier og har konsekvent, stabil vækst. Som eksempler kan nævnes IBM og Universal Corp (IBM og UVV).

Internationale aktier

Internationale aktier beskriver enhver aktie, der udstedes uden for dit hjemland. For eksempel betragtes alle virksomheder, der er grundlagt og baseret i Europa, som internationale aktier for handlende i USA. Internationale lagre kan også kaldes udenlandske aktier. Populære internationale aktier for USA-baserede forhandlere er Alibaba (BABA) og JD.com Inc. (JD).

57

Markedsværdi

En anden almindelig metode til klassificering er gennem den samlede værdi af et selskabs aktier, også kaldet markedsværdien. En markedsværdi findes ved at gange aktiekursen med det samlede antal aktier. For eksempel har et selskab med en aktiekurs på $ 10 og 1 million aktier en markedsværdi på $ 10 millioner. De fleste virksomheder falder ind under de tre hovedkategorier small, mid eller large cap, men alle seks markedsværdiklassifikationer er anført nedenfor. Generelt, jo større markedsværdi, jo mindre risikabelt er en aktie.

- Nano-Cap - $ 50 millioner og derunder

- Micro-Cap - $ 50 millioner til $ 300 millioner

- Small-cap - mellem $300 millioner og $2 milliarder

- Mid-cap - mellem $2 milliarder og $10 milliarder

- Large-cap - mellem $10 milliarder og $200 milliarder

o Mega-Caps - $ 200 milliarder eller mere

Sektorer

En tredje gruppering af bestande sker gennem de sektorer, hvor de opererer. Tænk på sektorer som forskellige dele af økonomien. For eksempel er sundhedspleje en sektor, der omfatter (blandt andre undersektorer) hospitaler og medicinalvirksomheder. Forskellige sektorer har forskellige fordele og ulemper og bevæger sig i samme retning. For eksempel er nogle sektorer bedre at investere i under økonomiske nedgangstider og andre under økonomisk velstand. Det er vigtigt ikke kun at kende de forskellige sektorer, men også at diversificere din portefølje på tværs af flere sektorer. På denne måde kan du fange upside på tværs af flere brancher i forskellige økonomiske tider og gøre din portefølje modstandsdygtig over for et stort tab, hvis en enkelt sektor falder. Aktiemarkedet har 11 sektorer, og alle vil blive uddybet nedenfor.

Regnskab

Finansielle aktier omfatter investeringsfonde, banker, ejendomsselskaber, forsikringsselskaber, forbrugerfinansieringsselskaber, realkreditmæglere og ejendomsfonde. Selvom de alle kan lyde skræmmende, drejer finansielle aktier sig dybest set om penge, uanset om det er at beholde dine penge eller investere dine penge. Finansielle aktier stiger ofte, når renten stiger, fordi de tjener penge på de realkreditlån og lån, som de kontrollerer, som alle drager fordel af øgede renter. Virksomheder i denne sektor omfatter Bank Of America Corp (BAC), Morgan Stanley (MS) og Citigroup Inc. (C).

Energi

Energiaktier omfatter elselskaber, raffinaderier, olie- og gasefterforskningsselskaber og produktionsselskaber. Energiaktier vil sandsynligvis stige i værdi, når prisen på olie, naturgas og andre råvarer stiger. Virksomheder i denne sektor omfatter Exxon Mobile (XOM) og Chevron Corporation (CVX).

Utilities

Forsyningssektoren består af vand-, el- og gasselskaber. Det er de virksomheder, der giver dig rindende vand og elektricitet. Forsyningssektoren er kendt for at tjene stabile og tilbagevendende indtægter fra sine kunder. På grund af dette vil forsyningsaktiekurserne ikke ændre sig meget, når markedet går op eller ned og sandsynligvis vil betale høje og konsekvente udbytter. Virksomhederne omfatter National Grid (NGG) og Dominion Resources (D).

Teknologi

Teknologiaktier består af softwareudviklere, informationsteknologivirksomheder og elektronikproducenter. Det er de virksomheder, der forsker, producerer og sælger den teknologi, vi køber. Teknologiaktier afhænger generelt af markedets og økonomiens generelle sundhed og har tendens til at bevæge sig med markedet. Virksomheder i denne sektor omfatter Apple (AAPL), Microsoft (MSFT) og Amazon (AMZN).

Hæfteklammer til forbrugere

Forbruger hæfteklammer virksomheder producerer mad og drikkevarer, samt mange andre fornødenheder. Forbrugerhæfteklammer virksomheder er modstandsdygtige over for økonomiske nedgangstider, fordi selv i tider med økonomisk kamp har folk stadig brug for de fornødenheder, som disse virksomheder leverer. Virksomhederne omfatter Procter & Gamble (PG) og B & G Foods (BGS).

61

Forbrugernes diskretionære

Den diskretionære forbrugersektor omfatter detailvirksomheder, medievirksomheder og forbrugertjenesteudbydere. Forbrugerdiskretionære virksomheder er der, hvor forbrugerne handler. Sektoren bevæger sig generelt med økonomien. Virksomheder i denne sektor omfatter McDonald's (MCD), Target (TGT) og Walmart (WMT).

Sundhedspleje

Sundhedsvirksomheder består af hospitalsadministrationsfirmaer, marketingfolk for medicinsk udstyr, bioteknologivirksomheder og mange andre. Nogle aspekter af denne sektor er sikrere investeringer, da folk har brug for sundhedspleje uanset deres økonomiske situation, men mange sundhedsaktier, især bioteknologi, betragtes som mere risikable, fordi de er små og ofte er fokuseret omkring et "make it or break it" produkt. Virksomheder i denne sektor omfatter Johnson & Johnson (JNJ), Kaiser Inc. (KGHI) og Biogen (BIIB).

Fast ejendom

Ejendomssektoren består af virksomheder, der investerer i eller administrerer alle typer fast ejendom. Disse virksomheder tjener de fleste af deres penge på lejeindtægter og kapitalforøgelse fra deres beholdninger, og på grund af dette bevæger sektoren og dens aktier sig generelt med renten. Virksomheder i ejendomssektoren omfatter Host Hotels & Resorts Inc. (HST) og CBRE Group (CBRE).

Industri

Industrivirksomheder består af luftfarts-, maskin-, forsvars-, bygge-, fremstillings- og fabrikationsvirksomheder. Industrivirksomheder vokser og falder sammen med en efterspørgsel efter deres produkter. Populære industrielle aktier omfatter Honeywell (HON), Ametek (AME) og Xylem (XYL).

Telekommunikation

Teleselskaber omfatter kabelselskaber, internetservice og trådløse udbydere, satellitselskaber og meget mere. Da de fleste mennesker betaler tilbagevendende betalinger for deres internet og andre tjenester og ikke er tilbøjelige til at ændre sig, er branchen normalt konsekvent i indtjening og vækst. Bare ved, at hurtig forandring kan komme ud af ingenting, som det gjorde med PG&E Inc. (PCG), en gas- og elleverandør, der gik fra sund til konkurs efter at være blevet sagsøgt milliarder for skader i forbindelse med skovbrande i Californien. Verizon (VZ), AT&T (T) og Sprint Corporation (S) er nogle af de største virksomheder i sektoren.

Materialer

Materialelagre består af raffinering, kemikalier, skovbrug og minedrift sammen med enhver anden udvikler af råvarer. Disse virksomheder stiger og falder generelt med økonomien på grund af deres usikre position i bunden af forsyningskæden. Materialevirksomheder omfatter Ecolab Inc. (ECL) og DuPont de Nemours Inc. (DD).

Typer af investeringer

Der er mange typer investeringer, der går ud over det grundlæggende køb og salg af en aktie. Dette afsnit vil omfatte de mest populære metoder, hvoraf der er mange, men forstår, at køb og salg af aktier, gensidige fonde og indeksfonde er alt hvad du behøver at gøre i mindst det første investeringsår. Forfølg kun andre metoder, når du er fortrolig med det grundlæggende.

Bestande

Aktier er den mest basale form for investering i aktiemarkedet. Når du køber en aktie, køber du en meget lille del af det firma. For eksempel, hvis Amazon har 100 millioner aktier i sit selskab til rådighed, og du køber en aktie, ejer du nu 0.0000000001% af Amazon. For at denne andel skal stige i værdi, skal folk være villige til at betale mere for aktien, end hvad du betalte for den. For eksempel, hvis du købte den 1 aktie i Amazon til $ 100, og aktien gik til $ 150, kunne du sælge den og tjene $ 50 i fortjeneste. Nogle aktier kan også tilbyde udbytte. Udbytte er, når virksomheder betaler dig for at eje aktier i deres aktier. For eksempel, hvis jeg købte en aktie i Johnson & Johnson til $ 140, betaler de mig måske 50 cent hvert kvartal eller $ 2,00 om året for at eje den aktie.

Udbytte er en sikker måde at tjene penge på, som mange mennesker bruger til at skabe en stabil indkomstkilde for sig selv.

Gensidige fonde

Gensidige fonde og indeksfonde (helst indeksfonde på grund af lavere gebyrer) er den eneste anden mulighed, som jeg foreslår at investere i umiddelbart efter at du har åbnet en konto på grund af deres stabilitet og enkelhed. Gensidige fonde giver dig mulighed for at investere i en forskelligartet gruppe aktier i en portefølje, der forvaltes af en professionel fondsforvalter. Forestil dig det sådan: lad os sige, at du vil købe Apple-, Amazon- og Microsoft-aktier. Hver af aktierne handles til $ 100, men du har kun $ 50 dollars at investere. Du kan derefter kigge efter en investeringsforening, hvor fondsforvalteren finder 6 personer ligesom dig. Kombineret har disse 6 personer de $ 300, der er nødvendige for at investere i alle 3 virksomheder. Du investerer hver din $ 50, og så ejer du lidt (mindre end en aktie) af hver af virksomhederne. Sådan fungerer gensidige fonde, selvom de fleste er i meget større skala. For eksempel kan en investeringsforening omfatte de 500 bedste virksomheder på markedet. Tænk på det som at være i stand til at investere i mange aktier med betydeligt mindre kapital, end det ellers ville tage. Gensidige fonde betragtes som sikre investeringer på grund af deres lave volatilitet og stabile vækst.

Indeksfonde

En indeksfond er en investeringsforening; Med den eneste forskel er, at indeksfonde ikke forvaltes aktivt. To af de mest populære fonde i USA er Fidelity ZERO Large Cap Index og Schwabs S&P 500 indeksfonde. Indeksfonde er historisk gode investeringer, og på grund af deres popularitet har indeksfonde mere end $ 4 billioner i aktiver og udgør 14% af det amerikanske aktiemarked.

REIT

En REIT, der betyder Real Estate Investment Trust, er et selskab, der driver, ejer eller finansierer indkomstproducerende (enten bolig eller kommerciel) fast ejendom. En REIT vil eje en portefølje af mange ejendomme, ikke kun en, og hundredvis af REITS er noteret på markedet. Som investering er REIT'er historisk ekstremt volatile.

Kortslutning

Short selling, kendt som shorting af en aktie, er alternativet til at købe aktier. Når du køber aktier, satser du på, at virksomhedens aktiekurs vil stige. Når du shorter en aktie, satser du på, at aktien vil falde. Shorting er en risikabel investering på grund af de potentielt store tab, det kan medføre, men når du er erfaren nok og har nogle ekstra penge, er det dejligt at prøve det og lære.

Indstillinger

Mange mennesker finder muligheder skræmmende, men hvis det tager tid at lære om dem, er de en fantastisk måde at mindske risikoen for investeringer på. Faktisk bruger du muligheder hele tiden i dit daglige liv. Tænk på en mulighed som at få en kupon til at købe en pizza til $ 10 på din yndlingsrestaurant. Kuponen udløber om 6 måneder. Lad os sige, at du går ind i pizzarestauranten, og pizzaen sælges for $ 12. Du vil måske derefter bruge din kupon, men hvis pizzarestauranten nu sælger pizzaer til $ 8 stykket, vil du måske holde fast i kuponen, indtil prisen går højere, og du kan få rabat. Det er præcis, hvad rigtige muligheder gør. Optioner giver dig ret til at købe eller sælge en aktie til en given pris inden for en bestemt tidsperiode.

For eksempel kan du købe en option på 100 aktier i Apple til $ 100. Hvis aktien stiger til $ 150, kan du udføre ordren og købe disse 100 aktier for $ 100. Når du har købt, kan du straks sælge de aktier, du har købt, til $ 100 for $ 150 og tjene $ 50 pr. Aktie. Der er to typer indstillinger: Opkaldsindstillinger og Put-indstillinger. Call optioner giver dig ret til at købe en aktie til en given pris, mens Put optioner giver dig ret til at sælge en aktie til en given pris. For eksempel, hvis du køber en Put-option for 100 aktier i Apple til $ 200, og aktien falder til $ 150, har du lov til at sælge disse aktier til $ 200, selvom aktien kun er på $ 150. Indstillinger bliver meget mere komplicerede end dette, og E * TRADE har vejledningsvideoer, der dykker meget dybere ned i emnet. Besøg ressourceafsnittet i del VI for links til E*TRADEs indhold.

69

Hvordan man forstår det grundlæggende

At forstå et par af de vigtigste målinger og tal for, hvad der danner fundamentet for en virksomhed, kan i høj grad øge dine chancer for at foretage gode investeringer. Du kan finde følgende oplysninger for en aktie på alle større online investeringswebsteder, typisk på oversigtssiden. Du kan finde disse oplysninger gratis ved at besøge finance.yahoo.com. I det følgende afsnit fokuserer vi på de ti vigtigste grundlæggende målinger, der hjælper dig med at forstå en virksomhed.

De ti store

1. Åben
2. 52-ugers rækkevidde
3. Gennemsnitligt bind
4. EPS
5. P/E
6. Næste indtjeningsdato
7. Markedsværdi
8. Udestående aktier
9. Beta

10. Udbytte Udbytte

Åben

Den åbne pris på en aktie er den pris, som aktien åbnede til for en dag. For eksempel kan Apple handle til $ 350, men den åbne pris kan være $ 345. Den åbne pris kan hjælpe med at bestemme volatiliteten i en aktie og bevægelsen på markedet uden at se på et diagram.

52-ugers rækkevidde

Denne måling viser det interval, som en aktie har handlet i løbet af det sidste år. For eksempel, i løbet af det sidste år, hvis en aktie ramte et lavpunkt på $ 4,00 i september og ramte et højdepunkt på $ 6,00 i november, ville 52-ugers intervallet være $ 4,00 - $ 6,00. En akties 52-ugers rækkevidde kan hjælpe med at bestemme, hvor meget vækst aktien har haft, og om det er det rigtige tidspunkt at købe. En aktie, der handles til $ 55,00 og har et 52-ugers interval på $ 20 til $ 60, er måske ikke en god investering, fordi aktien allerede er næsten tredoblet i året. På samme måde kan det være en dårlig investeringsbeslutning at købe en aktie, der er halveret i værdi og handler nær den lave ende af sit 52-ugers interval. Samlet set skal du bruge dette værktøj til at sikre, at den aktie, du vil investere i, har plads til at vokse, mens den ikke er i lossepladserne.

Gennemsnitlig volumen

Volumenet af en aktie, som du måske husker, er antallet af gange, en aktie er blevet handlet. Den gennemsnitlige volumen viser simpelthen det gennemsnitlige antal gange, en aktie er blevet handlet inden for en bestemt tidsperiode, typisk 10 dage.

EPS

EPS eller indtjening pr. aktie beregner en virksomheds overskud divideret med antallet af samlede aktier, som et selskab tilbyder for sine aktier. Det resulterende forhold fungerer som en indikator for virksomhedens rentabilitet. Jo højere EPS jo bedre, men ekskluder ikke et selskab blot baseret på dets EPS, fordi EPS ikke overvejer en virksomheds sundhed og situation, kun det er aktie.

P/E-forhold

P/E står for price-to-earnings. Et P / E-forhold sammenligner en akties aktiekurs med det beløb, virksomheden tjener pr. Aktie. Lad os for eksempel bruge Tesla (TSLA). Lad os sige, at TSLA handler til $ 800 og tjener $ 80 pr. Aktie. 800 (prisen) ÷ 80 (indtjeningen pr. aktie eller EPS) = 10. Derfor ville Tesla have et P / E-forhold på 10. Mens P / E-forhold varierer pr. Branche og sektor, er et meget højt P / E-forhold eller et meget lavt P / E-forhold generelt ikke godt. Husk dog, at små startups, som potentielt kan have et stort vækstpotentiale, men ikke tjener penge, typisk har lave P / E-forhold og derfor er undtagelser fra reglen. Bedøm ikke en aktie udelukkende baseret på dens P / E-forhold; Bare husk det som en faktor at overveje.

Næste indtjeningsdato

Næste indtjeningsdato eller indtjeningsdato henviser til den næste dato, hvor en virksomhed rapporterer kvartalsindtjening. Se afsnittet Grundlæggende vilkår for oplysninger om kvartaler og indtjening.

Markedsværdi

Markedsværdien (se afsnittet med vilkår for en definition) bestemmer størrelsen af en virksomhed. Generelt, jo mindre en virksomhed er, jo mere risikabelt er investeringen, fordi virksomheden har større chance for at gå ud af drift.

Udestående aktier

Når et selskab først noteres på markedet, udsteder det pågældende selskab et samlet antal aktier i sine aktier, som investorer kan eje og handle. Dette tal, det samlede antal aktier i et selskab, kaldes de udestående aktier. Virksomheder kan tilføje eller købe aktier tilbage for at øge eller mindske det samlede antal aktier på markedet.

Beta

Betaen af en aktie repræsenterer aktiens volatilitet i forhold til markedet. Ethvert tal under 1 betyder, at en given aktie er mindre volatil end markedet, mens alt over 1 betyder, at en given aktie er mere volatil end det samlede marked. Betanummeret er en god indikation af volatiliteten og derfor (typisk, men ikke altid) risikoen for en aktie.

Udbytte Udbytte

Som defineret i afsnittet med vilkår repræsenterer et udbytteudbytte den procentdel af en aktiekurs, som du tjener i udbytte hvert år. Generelt er aktier, der har stabilt udbytte, sikrere end aktier uden udbytte. Et udbytte betyder dybest set, at et selskab betaler dig for at eje deres aktier, og ethvert selskab, der har råd til at betale et udbytte, selv et lille, er mindre tilbøjelige til at gå ud af drift eller gå ned. Ulempen er, at store virksomheder med udbytte sandsynligvis vil være langsomme avlere og have mindre potentiel upside end små virksomheder. Udbyttenormen for store virksomheder er 1% til 3%.

Dette afslutter de ti store grundlæggende målinger af en virksomhed. Disse nøglemålinger lægger grunden til at udvikle en dyb viden om en virksomhed og dens aktie.

Forståelse af indtjening

Som en påmindelse udstedes indtjeningsrapporter kvartalsvis af en virksomhed for at give indsigt i ydeevnen. Indtjening, både god og dårlig, kan have en enorm indflydelse på en aktiekurs, og forståelse af det grundlæggende i en kvartalsindtjeningsrapport er uvurderlig for at vælge gode investeringer. Virksomheder er juridisk forpligtet til at indsende en kvartalsrapport, hvoraf følgende indeholder de mest nyttige oplysninger for investorer. Følgende dokumenter er samlet en del af en virksomheds årsregnskab.

Resultatopgørelse

En resultatopgørelse viser en virksomheds indtægter, udgifter og overskud. Hver kategori (indtægter, udgifter og overskud) er opdelt i underafsnit. Omsætning viser den samlede omsætning samt omkostningerne ved solgte varer (COGS) og bruttofortjenesten. Alle tallene i en resultatopgørelse såvel som på alle dokumenterne i dette afsnit er typisk i millioner, ikke tusinder. Udgiftsafsnittet skal vise alle udgifter, fra markedsføring til lønninger og forsikring. Endelig vises skatterne og derefter overskuddet. Resultatark er en fantastisk hurtig måde at vurdere en virksomheds økonomiske situation på.

Balance

Balancer afslører aktiver, passiver og ejerens egenkapital i et selskab. De vigtigste oplysninger findes i aktiv- og passivafsnittene. Aktivsektionen opdeler alle de aktiver, en virksomhed ejer. Én stor aktivtype kaldes omsætningsaktiver. Omsætningsaktiver, der består af kontanter og kortfristede investeringer (også kendt som kontanter og likvide midler), lager og tilgodehavender, er alle aktiver, der let kan sælges eller konverteres til kontanter. En anden aktivtype kaldes langsigtede aktiver eller langfristede aktiver. Langsigtede aktiver kan omfatte maskiner, udstyr, jord og patenter; alle aktiver, der er vanskelige at afvikle hurtigt. Træk omsætningsaktiverne fra de samlede aktiver for at finde de langsigtede aktiver.

Det dækker aktiver; Næste op på en balance er forpligtelser (eller gæld, der skyldes). Se efter samlede kortfristede forpligtelser (som er forpligtelser, der skal betales inden for et år) og langfristet gæld (undertiden kendt som langfristede forpligtelser). Langfristet gæld dækker alle forpligtelser, der skal betales fuldt ud mindst et år eller mere ud fra datoen for rapporten. Samlede forpligtelser vil kombinere alle de nuværende og langfristede forpligtelser i et tal. Sørg for at notere, om en virksomhed har betalt ned passiver og tilføjet til sine aktiver inden for de sidste par år af en rapport. Samlet set hjælper disse tal dig med at forstå og bruge de vigtige målinger på en balance.

Pengestrømsopgørelse

En pengestrømsopgørelse omfatter mængden af likvide midler (likvide midler er aktiver, der er lette at afvikle), der bevæger sig gennem en virksomhed. En pengestrømsopgørelse består af tre dele: Likvide midler fra drift, kontanter fra investering og kontanter fra finansiering. Kontanter fra drift er kontanter fra virksomhedens produkter eller tjenester. Kontanter fra investering omfatter pengestrømme fra en virksomheds aktiver og investeringer. Kontanter fra finansiering dækker penge fra investorer og banker samt udbytte og tilbagekøb af aktier. Samlet set skal du bruge pengestrømsopgørelsen til at afgøre, om en virksomhed vinder eller taber kontanter, samt om en virksomhed rejser penge gennem gæld eller gennem indtægter.

Som en sidebemærkning er pengestrøm en meget vigtig økonomisk lektion for enhver person, der ønsker at være økonomisk fri senere i livet. For at læse mere om pengestrøm og hvordan det påvirker dit liv samt den type investeringer, du skal foretage uden for aktiemarkedet, skal du sørge for at læse Robert Kiyosaki-bøgerne i ressourceafsnittet.

Spørgsmål og svar og forudsigelser

Virksomheder vil normalt lave forudsigelser for det kommende kvartal eller år under en indtjeningsrapport. Disse forudsigelser vil sandsynligvis påvirke en aktiekurs baseret på, om virksomheden forudsiger, at den vil klare sig godt. Ud over forudsigelser vil indtjeningen normalt indeholde en Q&A-sektion, hvor analytikere kan stille spørgsmål. Disse Q&A-sektioner viser ofte vigtige oplysninger om virksomheden, som ellers ikke ville blive afsløret. Samlet set skal du bruge disse to kategorier som kilde til yderligere information om bestandens fremtidige potentiale.

Hvordan finder jeg disse oplysninger?

Optjening af opkald såvel som finansielle dokumenter er offentligt tilgængelige og ikke vanskelige at få adgang til. Hvis du vil se både finanser og regnskaber gratis, skal du bruge et af følgende websteder:

- **US Securities and Exchange Commission** ○

    Hatps://vv.sec.gov/edgar.shta mmal
- **Yahoo! Finans** ○

    Finance.yahoo.com
- **Google Finans**

    om

    finance.google.com

Som nævnt ovenfor er virksomhedens indtjeningsopkald normalt offentligt tilgængelige. Mange virksomheder tilbyder et telefonnummer, der kan tilgås for at lytte live, når de leverer deres kvartalsrapporter. At lytte til en kvartalsrapport live er en stor oplevelse og er bestemt noget, du bør prøve. Vælg bare dit yndlingsfirma og besøg deres hjemmeside. Alle de oplysninger, du har brug for, skal være under en fane kaldet "Investorer" eller lignende. Faktisk viser mange virksomheder også deres regnskaber på deres hjemmeside sammen med pressemeddelelser og nyheder.

På nuværende tidspunkt bør du forstå de vigtigste tal, der frigives i en kvartalsrapport. For at dykke længere ned i indtjeningsverdenen skal du besøge ressourcesektionen, og du har nu afsluttet del III: Aktiemarkedsfærdigheder. Der er virkelig en hel verden af aktiemarkedsinvesteringer fyldt med mere, end der kunne være plads til i denne bog, men baserne skal dækkes. Faktisk har du måske hørt nogle ord eller udtryk, der ikke var dækket. Hvis du har nogen, skal du bruge et øjeblik på at huske dem og skrive dem ned:

_____ _____

_____ _____

_____ _____

_____ _____

På dette tidspunkt skal du være i stand til at forstå alle de grundlæggende metrics og udtryk, der ofte bruges. Disse oplysninger vil danne grundlag for at vælge gode bestande. Den anden del af at vælge gode investeringer er dog at udvikle en strategi, der passer til dine mål og livsstil.

Del IV: Aktiemarkedsstrategi for teenagere

Udvikling af en kernestrategi og disciplinen til at holde sig til den er medvirkende til at investere. Forskellige strategier passer til forskellige mennesker, og at finde din perfekte strategi er det næste skridt i processen til at blive en succesrig investor. At vælge en strategi starter med personen. For eksempel vil en midaldrende person med en familie at forsørge være mere tilbøjelig til at investere i sikre udbyttebetalende aktier. En ung og ambitiøs investor kan dog være interesseret i en mere risikabel portefølje, der potentielt kan have mere upside.

Nu vil jeg have dig til at tage et øjeblik og spørge dig selv, hvad dit mål er med at investere; Er du bare interesseret i at lære om aktiemarkedet? Leder du efter nogle ekstra kontanter? Ønsker du at blive multimillionær gennem aktier? Når du har dit svar, skal du tænke over, hvilken type investering der vil tjene dig bedst. Her er flere faktorer at huske på samt den anbefalede strategi for investering som teenager.

Som regel for at investere ung, tænk langsigtet. Det store (og rentable) ved at investere i en tidlig alder er, at dine penge har årtier til at vokse. Du behøver ikke tage store risici, fordi (husk sammensat rente) dine penge vil stige eksponentielt over tid. Hvis du kan opnå 8% fortjeneste om året (historisk lavt for markedet), vil hver $ 100, du investerer, være lige under $ 5,000 værd om 50 år. Hvis du investerer godt og tjener 10% om året, bliver de investerede $ 100 $ 11,739 om 50 år. Du kan tjekke det selv ud på en sammensat renteberegner. Min foretrukne sammensatte renteberegner er Moneychimps lommeregner. Du kan tjekke det ud på dette link:

http://www.moneychimp.com/calculator/compound_interest_calculator.htm

Desværre er 50 år lang tid. Du skal dog forstå, at det at være tålmodig og være smart kan give økonomisk sikkerhed, som få er heldige nok til at have. Det er ikke værd at risikere store bidder af din portefølje på risikable investeringer for at tjene ekstra 10%, mens dine penge over tid kan 50x, 80x eller endda 100x sig selv.

Baseret på denne tankegang anbefaler jeg, at teenagere spiller det lange spil, hvis de virkelig er interesserede i aktier og har økonomisk frihed senere i livet. En langsigtet aktiemarkedsstrategi vil typisk omfatte large-cap, value- og udbyttebetalende aktier samt nogle vækstaktier og indeks- eller investeringsforeninger. Vækstaktier vil sandsynligvis gennemgå perioder med høj vækst, og køb og salg af disse aktier bør udføres i overensstemmelse hermed. Mens mange værdiaktier er langsomme avlere og ikke har brug for meget opmærksomhed, bør det at lægge nogle penge i vækstaktier give dig mulighed for at engagere dig mere i markedet samt tjene nogle ekstra penge.

Du behøver på ingen måde at følge denne strategi, og hvis du hellere vil gøre noget andet med dit overskud end at geninvestere, såsom at finansiere din livsstil, er det fint, bare forstå, hvad du ofrer. Hvis det er det værd for dig, så gå videre og gør det. Derudover, hvis en langsigtet strategi ikke passer til din stil, skal du bare prøve noget andet. En langsigtet investeringsstrategi for value/vækstaktier og indeks/investeringsforeninger anbefales, fordi den historisk set har ført til det højeste afkast og passer godt til de fleste, men der bør lægges vægt på "de fleste".

Jeg elsker personligt at investere i små og kommende aktier. Jeg har set aktier fordobles eller tredobles (tjek eksemplerne fra det virkelige liv i del V), men også halveres. For at forblive aktiv i investering og holde det sjovt, indarbejder jeg investering i disse kommende virksomheder i min strategi. Selvom handel med en langsigtet tankegang anbefales til teenagere, skal du forstå, at på grund af din alder er det helt fint at lægge penge i nogle risikable investeringer. Sørg dog for at have regler. Jeg investerer kun 25% af pengene (pr. Handel), som jeg ellers ville i risikable aktier (for eksempel $ 1000 sat i en relativt sikker aktie og $ 250 i en kommende aktie), og hvis jeg er nede 10%, sælger jeg straks, uanset opadrettede. Selvom dette kan have kostet mig nogle alvorlige gevinster, har det sparet mine penge fra lige så alvorlige tab. Disse regler lader mine penge vokse sikkert, mens de har det sjovt og tager ekstra fortjeneste ved siden af.

Nu hvor du har udviklet en overordnet strategi, og du forstår de tekniske aspekter af aktier, er det tid til at dykke ned i at vælge gode investeringer, der er skræddersyet til din overordnede aktiemarkedsstrategi. For eksempel vil en person med en langsigtet orientering, der ønsker at "investere og glemme", fokusere på indeksfonde, gensidige fonde og langsomt voksende bluechip-aktier. For at finde disse virksomheder anbefaler jeg generelt to ruter, der kan bruges samtidigt. For det første, som uddybet i bogen, *One Up On Wall Street* af Peter Lynch, se dig omkring. At spotte tendenser og produkter, før de bliver varme aktier, er en fantastisk metode, så længe potentielle investeringer undersøges grundigt. Imidlertid vil mange gode virksomheder aldrig nå din placering, så den anden metode til at finde gode virksomheder er gennem en aktiescreener. Hvis du allerede har tilmeldt dig en online handelsplatform, er chancerne for, at du allerede har adgang til en.

Hvis ikke, er der flere gratis alternativer tilgængelige. Her er nogle af de bedste:

- HTTPS://Finance.yahoo.com/Screener
- https://www.tradingview.com/screener

Aktiescreenere giver dig dybest set mulighed for at bruge filtre til at sortere gennem de tusindvis af aktier derude og finde aktier, der passer ind i din investeringsstrategi. Lad os gennemgå aktiescreenerprocessen ved at identificere nogle af de filtre, jeg kunne indstille, hvis jeg ledte efter en lille, volatil virksomhed med potentielt god opadgående bevægelse at investere i:

Markedsværdi: Micro Cap og Small Cap

Pris: Større end $ 1, mindre end $ 50 (prøv at holde dig væk fra aktier under

$ 1)

Sektor: Hele **branchen:** Alle

Prisændring: Større end 10% i løbet af de sidste 30 dage (enten op eller ned: indikerer volatilitet)

Prisudvikling i forhold til S&P: 20% - 40% i løbet af de sidste 52 uger (dette resulterer i aktier, der slår markedet)

P / E-forhold: Over branchens gennemsnit

Indenfor: 10% af sit 52-ugers højdepunkt (det betyder, at en aktie er tæt på sit højeste for året og ikke er faldet)

Omsætningsvækst årligt: 25% - 50% og >50% **EPS-vækst:** Positiv ændring

Hvis jeg tilslutter disse nøjagtige filtre til en aktiescreener (jeg bruger E * TRADE's), opfylder disse 15 virksomheder kriterierne:

    ATAX - America First Multifamily Investorer LP ACLS

    - Axcelis Technologies Inc.

    DHT - DHT Holdings Inc

    TJEN - Ellington boliglån REIT

    EBMS - Første Bancshares Inc

FCPT - Four Corners Property Trust Inc

GMRE - Global medicinsk REIT Inc

HTHT - Huazhue Group Ltd (ADR)

KRNT - Kornit Digital Ltd

KLIC - Kulicke og Soffa Industries Inc.

OFG- OFG Bancorp RWT -

Redwood Trust, Inc.

SASR - Sandy Spring Bancorp Inc.

TPVG - Triplepoint Venture Vækst BDC Corp

VCTR - Victory Capital Holdings Inc

Ud af de 15 bestande, der opfyldte mine kriterier, kan jeg nu undersøge sektorerne. Jeg søger ikke at investere i REIT'er (fordi renten kan være nede), så jeg kan fjerne dem fra listen. Jeg ønsker ikke at investere i olie og gas (fordi olieprisen kan være nede), så jeg kan fjerne DHT holdings Inc. Bankvirksomhed er muligvis ikke varm, så Sandy Spring Bancorp Inc., OFG Bancorp, America First Multifamily Investors LP og First Bancshares Inc. er ude. TPVG og VCTR, investeringsselskaber, er også ude. Resultaterne er følgende bestande:

    Kornit Digital Ltd. (KRNT)
    Kulicke og Soffa Industries Inc. (KLIC)
    HUD Group Ltd. (HD)
    Axcelis Technologies Inc. (ACLS)

Som du kan se, tillod en aktiescreener mig at gå fra tusindvis af potentielle virksomheder ned til 4, der perfekt matcher mine kriterier. Stock screeners er en fantastisk måde at finde gode investeringer på, og de anvendte filtre var bare det grundlæggende. Dusinvis af andre kriterier og filtre kan anvendes, så tag dig tid til at lege rundt og se, hvad du finder på.

Hvad skal man gøre, når alt går ned

Desværre går ikke alt op hele tiden. Hvis der sker en korrektion eller nedbrud, kan hele markedet bevæge sig nedad. At vide, hvad man skal gøre i disse tider, kan ikke kun spare dig penge, men også tjene dig penge.

Først skal du forstå, at bjørnemarkeder og korrektioner historisk set er kortsigtede. Dybest set kunne du under de fleste bjørnemarkeder gennem historien helt ignorere et nedbrud, og din portefølje ville blive genoprettet inden for 5 år. Derfor er det bedste valg at tjene penge, mens aktierne falder, at holde dine vigtige investeringer, rejse nogle kontanter og købe de bedste tilbud så tæt på markedets lave som muligt.

For at uddybe skal du sælge aktier, der vil komme sig langsomst eller falde længst; Køb derefter aktier nær deres lavpunkt, der er faldet længst og sandsynligvis vil komme sig hurtigst. For eksempel købte jeg under nedbruddet i 2020 stærkt ind i Tesla (TSLA) omkring dets $ 350 lave og op til $ 550, fordi jeg er sikker på, at Teslas aktie vil være tilbage til det er tæt på $ 1000 højt inden for 5 år efter nedbruddet. På den anden side vil jeg sælge en aktie som Johnson & Johnson (JNJ), som generelt er recessionssikker og ikke vil bevæge sig meget. På denne måde kan jeg bruge en markedsnedgang til min fordel og måske endda give overskud. Denne metode satser på, at markedet kommer sig relativt hurtigt, mens en økonomisk depression ville være en anden historie. Ved også, at det er fint at holde aktier, der ikke bevæger sig meget som J&J, hvis du har nok kontanter til at drage fordel af eventuelle muligheder.

For at identificere de aktier, der vil stige højest, skal du først identificere de aktier, der har mistet mest værdi, simpelthen fordi markedet gik ned; ikke på grund af et faktisk forretningsproblem relateret til årsagen til nedbruddet eller korrektionen. For eksempel mistede Tesla mere end 60% af sin værdi og faldt fra omkring $ 950 til et lavpunkt på $ 350 i løbet af 2020. Samtidig faldt Carnival (CCL), en krydstogtrejsearrangør, fra et højdepunkt på omkring $ 50 til lige under $ 10, hvilket resulterede i en 80% reduktion i aktieværdien. Mens Carnival kan virke som en bedre aftale i modsætning til Tesla, påvirkes Carnival meget mere af kerneårsagen til nedbruddet, end Tesla er. Som et resultat kan det være bedre at købe Tesla, fordi Tesla sandsynligvis vil komme sig hurtigere.

Spørgsmålet er så: Hvornår skal man købe? Det vigtigste råd at huske er, at det er okay ikke at time bunden af et nedbrud perfekt. Det er bedre at købe Tesla til $ 500 og køre den til $ 900 end at forsøge, men undlader at købe den til $ 300 og gå glip af gevinsten. At købe 5% - 10% rabat på et markeds lavpunkt vil stadig resultere i større gevinster inden for et par år end slet ikke at købe. Efter min erfaring er det noget let at sige, hvornår det værste af et nedbrud er overstået, som efter et fald på 30% på en uge opstår. Selvom markedet måske mister yderligere 10% efter det fald på 30%, vil køb stadig falde inden for de anbefalede 5% - 10% buy-in fra et lavpunkt under et nedbrud eller korrektion. For at opsummere det skal du bare være rolig og ikke være følelsesladet. Ovenstående råd ville historisk set give mulighed for mest fortjeneste under et nedbrud eller korrektion, men hver situation er forskellig, så du skal muligvis træffe dine egne beslutninger baseret på dine unikke omstændigheder. Endelig skal du huske dette: intet, hverken et tyremarked eller et bjørnemarked, varer evigt.

Før du går videre, skal du bruge et øjeblik på at opsummere den overordnede handelsstil og strategi, som du tror vil fungere bedst for dig, din situation og din personlighed.

Ud over at udvikle en overordnet strategi for dine penge er det vigtigt at forstå nogle grundlæggende regler, begreber og strategier, der dikterer, hvornår du skal købe, og hvornår du skal sælge aktier, begyndende med reglen om modsætninger.

Reglen om modsætninger

Reglen om modsætninger er ideen om, at en smart investor (i de fleste situationer) vil gøre det modsatte af markedet. Dette gælder kun for penge, der investeres i kortsigtede beholdninger, som er aktier, der købes med det formål at sælge inden for et år. Grundlæggende dikterer modsætningsreglen, at hvis markedet bevæger sig op, vil en investor gradvist sælge. Hvis markedet går ned, vil en investor langsomt købe. Husk, at markeder, der bevæger sig op, sandsynligvis vil opleve en korrektion (et kortsigtet dyk) inden for 5 år. Dette følger en simpel logik: Hvis alle tjener penge, kan det ikke vare. Dette blev bevist i 2008 ved nedbruddet på boligmarkedet og aktiemarkedet med det. Økonomien kan ikke i det uendelige tjene penge til alle involverede parter, og derfor er korrektioner og nedbrud nødvendige. Historisk set har de amerikanske aktiemarkeder dog haft ekstremt lange bull-markeder, hvor det eneste varede 11 år. Baseret på dette vil en smart investor ikke sælge alle eller endda de fleste af deres beholdninger under et stort marked. Penge investeret i udbytteaktier og aktier købt på lang sigt bør ikke sælges. Aktier stiger, bare fordi markedet stiger, og risikable investeringer er gode investeringer at langsomt sælge, når et marked stiger. For eksempel, for hver 10% markedet bevæger sig op, kan du sælge 5% af dine beholdninger og holde dem kontant. Som et alternativ kan du prøve en dag at handle med nogle af de penge, der ellers holdes i kontanter.

Som nævnt vil markedet ikke altid gå op. Der kan ske korrektioner. Dyk i markedet bør dog ikke ses som slemt. I stedet bør de ses som muligheder for at købe. Inden for det sidste årti har der fundet 32 bjørnemarkeder sted på det amerikanske marked. De forekommer i gennemsnit hvert 3. - 4. år og varer i gennemsnit lidt over 1 år. Husk, for en langsigtet investor er 1 år bare en blip. De fleste markeder vender hurtigt tilbage fra dyk og stiger til endnu større højder. Baseret på dette vil en smart investor købe, når markedet går ned. For eksempel falder markedet for hver 5%; Invester 10% af din portefølje (eller 10% af dine kontanter). Da korrektioner i gennemsnit reducerer 13% af et markeds værdi, kan en etårig recession, der vender tilbage over en toårig periode, resultere i, at 20% af en portefølje giver 20% større overskud.

Forståelse af økonomien

Det er vigtigt at forstå gode aktier og dårlige aktier at købe i en bestemt økonomisk periode. Under økonomiske nedture er aktier, der sælger fornødenheder som toiletpapir, tøj, medicinske forsyninger (såsom Band-Aids) og mad, de bedste investeringer. Aktier som disse vil ofte stige under en korrektion. Eksempler er Johnson & Johnson (JNJ), et firma, der fokuserer på medicinsk udstyr og lægemidler, Ross Stores (ROST), en discounttøjforhandler, og Walmart (WMT), en discountbutikskæde.

I krigstider skal du investere i virksomheder som Lockheed Martin (LMT), General Dynamics (GD) og Northrop Grumman (NOC). Alle disse virksomheder producerer forsvarsudstyr og våben. Under en krig bruger regeringer milliarder på kontrakter med virksomheder som disse.

Under en blomstrende økonomi skal du flytte nogle penge til aktier med højt vækstpotentiale. En god økonomi kan fungere som et sikkerhedsnet og drive aktier, der ellers ikke ville klare sig så godt.

Så se på økonomien omkring dig. Undersøg og find ud af, hvilke aktier der er indstillet til mest at drage fordel af dit lands situation. Du kan endda overveje at investere i internationale aktier, hvis du har gjort din forskning og fastslået, at et internationalt selskab er en mulighed, måske baseret på landets økonomiske situation. For at opsummere det skal du være opmærksom på dine omgivelser og handle i overensstemmelse hermed.

Reduktion af tab

En idiotsikker metode til at forhindre at miste penge er at have regler for, hvornår man skal sælge en aktie, hvis penge går tabt. For eksempel har jeg personligt en 10%-regel. Hver gang jeg køber en aktie, udsteder jeg en ubestemt salgsordre 10% under den pris, jeg indtastede til. Hvis lageret tanke, reducerer jeg mine tab til 10%. Desværre kan dette trick undertiden give bagslag. Aktier kan falde 10% og derefter vende tilbage til nye højder. Jeg mener imidlertid, at 10%-reglen forhindrer flere tab end de gevinster, den beskytter. Hvis du tror på en aktie, og du ved, at den er ustabil, skal du indstille en salgsordre 20% under eller 30%. Regler som denne er simpelthen gode forholdsregler at have på plads.

Vær ikke følelsesladet

Selvom dette måske ikke ligefrem er en strategi, er det en meget vigtig regel at følge. Investering på grund af kortsigtede følelser er næsten altid defekt. Handl ikke baseret på en artikel, en dag eller en dråbe. Hvis en følelsesmæssig køber ser deres yndlingsaktie falde 10%, kan de flippe ud og sælge. En smart og disciplineret investor vil dog undersøge sagen, opdage, at dykket på 10% ikke bør påvirke fremtidige resultater og købe flere aktier.
Sådanne forskelle tilføjes over tid. Hvis du virkelig ikke kan tåle volatilitet i en aktie og ved, at du er en følelsesmæssig investor, skal du ændre din samlede investering

strategi. Invester i aktier, der er mindre volatile og modstandsdygtige over for nedture. Diversificer din portefølje for at reducere risikoen for en nedgang i et segment, der påvirker en stor del af din portefølje, og hold altid nogle kontanter ved hånden for at lette bekymringerne. Bare husk, prøv ikke at handle følelsesmæssigt så meget som muligt.

Diversificere

Som nævnt er specifikke segmenter, brancher eller aktier undertiden udsat for nedture, selvom hele markedet ikke er det. Baseret på dette er det vigtigt at diversificere din portefølje for at reducere risikoen for, at en bestemt begivenhed forårsager et massivt tab. For eksempel kan en portefølje, der kun investeres i tankstationsvirksomheder, tage massive hits, da elbiler bliver mere og mere populære. Sørg for at undersøge sektorernes cyklus og diversificere baseret på disse oplysninger. Invester i mange forskellige sektorer, i virksomheder af forskellig størrelse og i virksomheder med forskellige risikoniveauer. Diversificering af din portefølje mindsker risikoen over hele linjen og resulterer i en meget mere stabil portefølje.

Priserne betyder ikke noget

En sidste lektion at huske og øve er, at priserne ikke betyder noget. Alt for ofte købes aktier eller købes ikke baseret på aktiekursen. Du skal dog forstå, at en $ 10-aktie og en $ 1000-aktie ikke i sig selv er bedre eller værre end hinanden udelukkende baseret på pris. Hvis der lægges lige store beløb i, genereres det samme afkast. Lad os f.eks. sige, at der købes 100 aktier af en aktie på $10 sammen med 1 aktie i en aktie på $1000. $ 1000-aktien kan bevæge sig op $ 100, mens $ 10-aktien muligvis bevæger sig op $ 1. På trods af forskellene i aktiekursen ville værdien af de 100 aktier og 1 aktien så begge være $ 1100. Det betyder, at prisen ikke betyder noget, kun mængden af investerede penge betyder noget. Faktisk betyder prisen ikke noget om en aktie i sig selv, og priserne ændres ofte på grund af aktiesplit. Hvis du ikke har råd til en dyr aktie, er det fint, men for aktiekurser, som du har råd til, skal du huske, at prisen ikke betyder noget. (Sjov kendsgerning: En af Berkshire Hathaways aktier, noteret som BRK. A, handler i øjeblikket i hundredtusinder.)

Handl med det, du ved

En god tommelfingerregel for at foretage gode investeringer er at handle med det, du ved, og hvad der er omkring dig. For en teenager kan dette være den nyeste trend i skolen. At spotte tendenser, før de når deres klimaks og investere i virksomheder, der vil udnytte tendensen, kan resultere i nogle gode valg. Vær opmærksom på nye produkter og ideer omkring dig hele tiden, såsom på et job, derhjemme, et indkøbscenter eller online. Brug dine specifikke færdigheder og viden til at identificere potentielle investeringer. Hvis du elsker spil, og du har hørt, at et nyt spil vil ændre spillandskabet, skal du finde det firma, der skabte det spil. Handel med det, du ved, og fange tendenser, før de rammer deres skridt, kan give store gevinster. Som tidligere ævnt er dette koncept yderligere eksemplificeret i Peter Lynchs bog *One Up On Wall Street*.

Køb beskadigede aktier, ikke beskadigede virksomheder

Forskellen mellem en beskadiget aktie og en beskadiget virksomhed (kredit til *The Street*) er forskellen mellem at tjene og tabe penge, og det er medvirkende at forstå forskellen. Beskadigede virksomheder er virksomheder, der har lidt et langsigtet hit på deres indtægter, omdømme eller produkter, og det vil tage tid at komme sig. Beskadigede aktier er aktier, der faldt på grund af en begivenhed, der forårsagede en kortsigtet indvirkning eller endda på grund af noget, der ikke var relateret til virksomheden. For eksempel spredte Chipotle engang ubevidst en virus gennem deres mad. Dette fik deres lager til at tage et massivt hit samt ødelægge deres omdømme og salg. På det tidspunkt ville Chipotle være et beskadiget selskab og ikke en god investering. Forestil dig dog, at en berømthed bestilte Chipotle og havde en allergisk reaktion. Denne berømthed fortsatte med at angribe virksomheden på sociale medier, hvilket resulterede i et fald på 10% i aktiekursen. I denne situation, da den allergiske reaktion ikke betyder nogen problemer med virksomheden, ville Chipotle være en beskadiget aktie og derfor en god potentiel investering. Brug denne tommelfingerregel til at afgøre, om problemer, der påvirker en virksomhed, gør det til en potentiel investering.

Nej ville have, burde, kunne have

Denne regel, hvor kredit igen går til Jim Cramer og *The Street*, giver et tip om hvordan man forbliver sund på markedet. Som regel skal du holde dig væk fra nogensinde at sige ville have, burde eller kunne. Da så mange aktier handles på markedet, vil du altid høre om fantastiske markedsbevægere og aktier, der steg 30% på en dag eller 500% på et år. Du sælger muligvis en aktie, der fortsatte med at stige 100% i den næste måned. Du kan købe en aktie, der falder 50% ugen efter, at du har købt den. Uanset hvad der sker, skal du aldrig sige "Jeg skulle have solgt det ..." eller "Hvis bare jeg holdt fast..." At gøre disse ting fører til en destruktiv og selvsaboterende tankegang. Forstå, at tilbud er overalt, og der vil blive begået fejl. Bare gå med på turen og se dig ikke tilbage.

Skriv nu to eller tre af dine yndlingsideer og regler fra listen ovenfor, der gjorde mest indflydelse på dig, så du aldrig glemmer dem og nemt kan besøge dem igen:

Del V: I praksis

Det første afsnit af del 5 indeholder både vellykkede og mislykkede virkelige eksempler på aktiemarkedshandler, som jeg har foretaget som teenager. I hele dette afsnit skal du sørge for at notere både, hvad der fungerede, og hvad der ikke gjorde. Alle diagrammer er på en 1-årig periode, medmindre andet er angivet. Så først op: eksempler fra det virkelige liv.

æble (AAPL)

Apple, teknologivirksomheden, vi alle kender og elsker, gik ind i nogle af sine bedste år i 2018. Jeg valgte dette firma at investere i baseret på flere faktorer. For det første havde virksomheden stærke fundamentale forhold, stærk indtjening og stærke analytikerforudsigelser. Jeg bemærkede også, at produkter som AirPods ramte deres skridt i den skole, jeg gik på. Jeg følte, at virksomheden var undervurderet og købte ind til $ 160. Omkring et år senere begyndte jeg at sælge min position til $ 280 og senere $ 360. Jeg ejer stadig halvdelen af den oprindelige investering på tidspunktet for denne publikation. Denne aktie var en vinder for mig, fordi omhyggelig forskning viste en undervurderet virksomhed og er en påmindelse om, at store virksomheder, selv billioner dollar virksomheder, stadig kan have enorm vækst på kort tid. 1 års opdatering (2021): Apple gennemførte et 4-1 aktiesplit, og jeg opretholder en gevinst på 200%.

Fæstning Biotek (FBIO)

Fortress Biotech er en lille bioteknologisk virksomhed, der identificerer og udvikler bioteknologi og farmaceutiske produkter. På det tidspunkt, hvor jeg købte det, havde Fortress Biotech en pipeline (hvilket betyder produkter under udvikling) fyldt med meget lovende lægemidler. Jeg så potentialet og købte mig ind til $1,80 og $1,90. Selvom jeg normalt ikke investerer i aktier så billige, voksede FBIO støt og syntes at være i en stærk position, i modsætning til mange af sine penny stock peers. Mindre end tre måneder efter købet solgte jeg mine aktier til $ 2,45, hvilket repræsenterer en gevinst på mere end 30%. Desuden var den eneste grund til, at jeg solgte min position, som forberedelse til det coronavirus-forårsagede markedsnedbrud i 2020. Kort efter blev den volatile aktie hårdt ramt og faldt til $1,10. Husk dog reglen: Køb beskadigede aktier, ikke beskadigede virksomheder. FBIO tabte mere end 50% på grund af et nedbrud, hvis kerneårsager ikke havde nogen indflydelse på deres langsigtede forretning. Derfor købte jeg en endnu større position, end jeg oprindeligt ejede, til $ 1,10. I skrivende stund lukker FBIO på $ 4,00, hvilket er mere end en gevinst på 385% i forhold til det oprindelige indgangssted. Fra denne anden opdatering har jeg siden solgt hele min position til 400% gevinst.

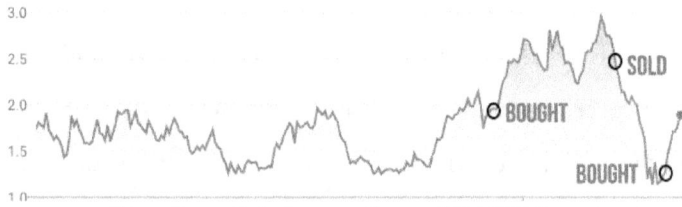

Tandem Diabetes Care (TNDM)

Tandem, et lille sundhedsfirma med fokus på udvikling af diabetesbehandlinger, gennemgik en massiv stigning i løbet af 2018 og 2019. Aktien gik fra 50 cent til næsten $ 50, et spring på 1000%, på lidt over et år. Jeg kunne godt lide virksomheden, og jeg ønskede at komme ind på hypen omkring det, så jeg etablerede en position på $ 45. To måneder senere havde det ikke gjort andet end at falde, og jeg solgte hele min position til $ 33. Tandem blev mit værste tab til dato. Både køb og salg blev gjort følelsesmæssigt og uden forskning, noget der altid sætter handler op til at mislykkes. Efter mit salg steg virksomheden til $ 70 og passerede $ 80 kort efter. Husk, intelligent handel sker uden følelser og i stedet med omhyggelig forskning.

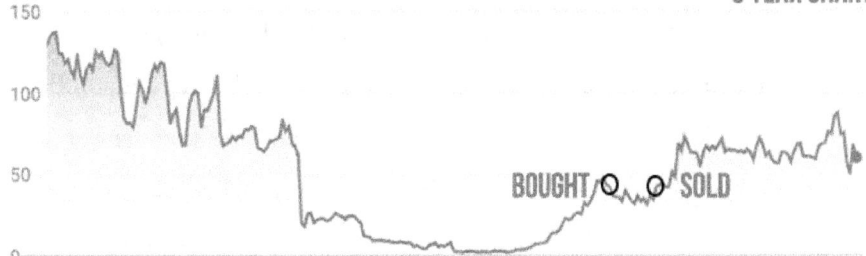

Netflix (NFLX)

Netflix, streamingmedie- og indholdsproduktionsselskabet, der ændrede underholdningsindustriens ansigt, nød mange års dominans og fri regeringstid i streamingbranchen i begyndelsen af 2010'erne. På det tidspunkt havde jeg arbejdet hårdt og var klar til min første handel på flere tusind dollars. Ved hjælp af koncepter eksemplificeret i *One Up On Wall Street behøvede jeg kun at se mig omkring for at identificere en potentiel investering. Jeg behøvede ikke at kigge langt for at se, at Netflix var ved at blive en fast bestanddel af husholdningen, og at den udgav hit efter hit, inklusive den nyligt udgivne Stranger Things.* Min familie begyndte at bruge platformen til at se film, og research bakkede op om mit syn på Netflix som et firma med stort potentiale og stærke fundamentale. Baseret på dette købte jeg ind til $ 180 og igen til $ 190. Jeg begyndte at handle ud af min position halvandet år senere, henholdsvis til $ 323 og $ 363. Denne rige belønning på så kort tid er et resultat af handel med det, jeg vidste. Brug af det, der er omkring dig, uanset om det er et nyt trendprodukt eller en fastfoodkæde, som alle taler om, er en fantastisk måde at finde potentielt lukrative investeringer på.

Korrektur (PFPT)

Proofpoint var et eksempel på en doven handel, lavet baseret på nyheder og ikke forskning. På det tidspunkt, hvor jeg købte det, havde jeg hørt en god nyhed om det på et investeringsshow, og virksomhedens udseende appellerede til mig. Uden forskning og ingen strategi købte jeg det til $ 118. Jeg fik, hvad jeg fortjente, og selvom jeg formåede at sælge før sammenbruddet til $ 80, tog jeg et tab på 20% (dette var før min 10% stop loss-regel) på lidt over en måned på en aktie, jeg ikke skulle have købt i første omgang. Husk, gør altid dit hjemmearbejde, og find flere visninger, før du handler baseret på nyheder. Som en anden lektion vil det at holde fast i en investering, du er nede på (i et bull-marked), sandsynligvis slette tab, hvis du holder fast længe nok.

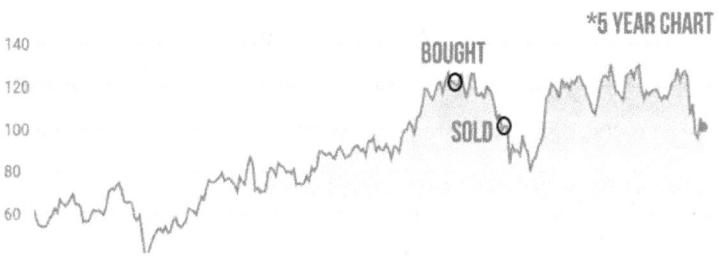

Take-Two Interaktiv (TTWO)

Take-Two Interactive er et videospilfirma, der er ansvarlig for store hits, herunder Grand Theft Auto, NBA 2k, WWE 2k, Civilization, Red Dead Redemption, Borderlands og Bioshock. I februar 2020 rapporterede Take-Two Interactive indtjening, der forårsagede et fald på mere end 10% i aktiekursen. TTWO har en lang track record med at slå guidance og smadre forventningerne, så da kvartalsindtjeningen kun levede op til forventningerne i stedet for at overgå dem, faldt aktien. Præstationen skyldtes til dels en mislykket spillancering og nyheden om, at NBA 2k ikke ville have et rekordår, to faktorer, der ikke ville påvirke det langsigtede potentiale. Ledelsesteamet hos Take-Two Interactive tog ejerskab over problemerne og lovede at forbedre sig. Dette er et eksempel på en beskadiget aktie i stedet for en beskadiget virksomhed. Men da COVD-19-pandemien næsten umiddelbart efter køb af denne aktie udløste et børskrak og trak hele markedet ned, er dette også et eksempel på, hvordan timing kan gøre eller bryde en handel, uanset om denne handel ellers ville have været vellykket. Da jeg endnu ikke var oppe 10% på min investering, ville jeg normalt have solgt, men i dette tilfælde solgte jeg ikke skyldigt

til reglen "køb beskadigede aktier, ikke beskadigede virksomheder". Baseret på dette fortsætter jeg med at holde aktien (2021-opdatering: Jeg har siden solgt med en fortjeneste på 60%).

2. udgave opdatering

Dette er en opdatering fra juni 2021, mere end 1 år efter, at denne bog oprindeligt blev udgivet. Det har været et vanvittigt år (Covid!) og, i hvert fald på markedet, et fantastisk år. Her er mine største vindere og største tabere siden 1. udgave:

Vindere

- Tesla (Tesla): 500% homoseksuel
- CGE Energy (CGEI): 140% gevinst
- Planet 13 (PLNF): 106% gevinst
- Ford (F): 75% gevinst

Tabere

- The Lion Electric Company (LEV): 43% tab
- Coinbase (COIN): 29% tab
- CytoDyn (CYDY): 19% tab

Alan, 2021

3. udgave opdatering

Dette er en opdatering fra tredje udgave af bogen i slutningen af 2022. Jeg vil tage denne plads til at bemærke vigtigheden af makroøkonomisk viden; dette år har været præget af politisk og økonomisk volatilitet, der spænder fra voldsom inflation og krig i Ukraine til Covid-uro i Kina og hidtil usete skift på energimarkedet. Mere end nogensinde påvirkes aktiemarkedet og alle investeringsmarkeder af globale begivenheder. Som investor kan dette tjene dig - gør en indsats for at uddanne dig selv om verden som helhed og holde de makroøkonomiske økonomiske, politiske og sociale miljøer i spidsen for dit sind, når du træffer langsigtede investeringsbeslutninger.

Som altid – det fik du.

Alan, 2022

Fra eksperterne

Som en del af sektionen fra det virkelige liv vil vi undersøge visdommen hos verdens største investorer. Husk, at læring er det bedste, du kan gøre for at sikre fremtidig succes, især på aktiemarkedet. At lære af de bedste vil gøre dig til en smart og bedre investor. Tag dig tid til at lede efter mønstre i filosofierne, mens du læser.

Warren Buffet

- *"Den bedste investering, du kan foretage, er en investering i dig selv. Jo mere du lærer, jo mere tjener du."*
- *"Vær bange, når andre er grådige og grådige, når andre er bange."*
- *"Vores foretrukne holdeperiode er for evigt."*

Investeringsfilosofi: Warren Buffett, bredt betragtet som den mest succesrige investor nogensinde, prædiker at investere i værdi og holde i lange perioder, eller indtil aktiekursen afspejler en virksomheds sande værdi. Buffets firma, Berkshire Hathaway, administrerer i øjeblikket hundreder af milliarder dollars og har i gennemsnit haft et afkast på 20% siden 1965.

Fun Fact: Warren Buffet beskrev Benjamin Grahams bog *The Intelligent Investor* som "langt den bedste bog om investering, der nogensinde er skrevet."

Benjamin Graham

- *"Den intelligente investor er en realist, der sælger til optimister og køber fra pessimister."*
- *"Investering handler ikke om at slå andre i deres spil. Det handler om at kontrollere dig selv i dit spil."*
- *"Succesfuld investering handler om at styre risiko, ikke undgå det."*

Investeringsfilosofi: Siden Benjamin Graham var mentor for Warren Buffet, parret har en meget lignende filosofi. Grahams handelsfilosofi kaldes nu Benjamin-metoden og er baseret på værdiinvestering. Faktisk krediteres Graham som godfather for værdiinvestering og populariserede det i begyndelsen af 1930'erne. I løbet af sin professionelle handelskarriere havde Graham i gennemsnit et afkast på mere end 20%, mens markedet i gennemsnit var 12%.

Sjov kendsgerning: Benjamin Graham underviste personligt Warren Buffet, mens Buffet studerede på Columbia University. Graham påvirkede Buffet så meget, at Warren Buffets første søn hedder Howard Graham Buffet.

Seth Klarman

- *"Den største fordel, en investor kan have, er en langsigtet orientering."*
- *"Investering er orienteringen af økonomi og psykologi."*
- *"Aktiemarkedet er historien om cyklusser og om den menneskelige adfærd, der er ansvarlig for overreaktioner i begge retninger."*

Investeringsfilosofi: Seth Klarman er en værdiinvestor, der fokuserer på risiko eller manglen på samme. Han sætter risikoanalyse i spidsen for sin strategi og investerer ikke uden fuldstændig sikkerhed for, at et totalt tab ikke vil forekomme. I øjeblikket har Klarman en nettoværdi på 1.5 milliarder dollars.

Sjov kendsgerning: En udsolgt bog skrevet af Seth Klarman kaldet *Margin Of Safety* var så eftertragtet, at brugte eksemplarer engang blev solgt for $ 2.500. Derefter blev den i 2018 gjort tilgængelig i Amazons Kindle-butik for $ 9.99.

Sir John Templeton

- *"De 4 farligste ord i investering er "Denne gang er det anderledes."*
- *"Bull-markeder fødes på pessimisme, vokser på skepsis, modnes på optimisme og dør på eufori."*
- *"Tiden med maksimal pessimisme er det bedste tidspunkt at købe, og tiden med maksimal optimisme er det bedste tidspunkt at sælge."*

Investeringsfilosofi: John Templeton fulgte den enkle investeringsstrategi om "køb lavt, sælg højt." Han genopfandt værdiinvestering ved at tage det "til en ekstrem og vælge nationer, industrier og virksomheder, der rammer bunden, hvad han kaldte 'punkter med maksimal pessimisme.'" Denne strategi gjorde ham til en legende og gav ham titlen "uden tvivl århundredets største globale aktieplukker" af *Money* Magazine. I 1992 havde Templetons fond mere end 13 milliarder dollars i aktiver, svarende til 24,4 milliarder dollars i dagens værdi.

Sjov kendsgerning: Da Anden Verdenskrig brød ud i 1939, lånte Templeton penge og købte mere end 100 virksomheder, hvoraf 34 var i konkurs. Resultatet? Et anslået afkast på 400% inden for 5 år.

Thomas Rowe Price, Jr.

- *"Forandring er investorens eneste sikkerhed."*
- *"Hvis du forbliver halvopmærksom, kan du vælge de spektakulære kunstnere lige fra dit forretningssted eller ud af kvarterets indkøbscenter, og længe før Wall Street opdager dem."*
- *"Ingen kan se 3 år frem, endsige 5 eller 10. Konkurrence, nye opfindelser - alt muligt - kan ændre situationen på 12 måneder."*

Investeringsfilosofi: T. Rowe Price blev berømt for sin "Growth Stock Investing Philosophy" om investering. Han købte up-and-coming virksomheder i tidlige vækststadier, hvilket gør det til en standard praksis at interviewe en virksomheds ledelse, før han køber.

Sjov kendsgerning: Før han blev investor, var Thomas Rowe Price, Jr. indstillet til at blive kemiker.

Bill Ackman

- *"For at få succes skal du sørge for, at det at blive afvist slet ikke betyder noget for dig."*
- *"Investering er en forretning, hvor du kan se meget fjollet ud i lang tid, indtil du har bevist ret."*
- *"Erfaring er at lave fejl og lære af dem."*

Investeringsfilosofi: Bill Ackman, i modsætning til de andre investorer på denne liste, tilføjede et proaktivt twist til værdiinvestering. Når han køber virksomheder, som han mener er underprissat, presser han på for forandring i virksomheden. Han kan gøre dette, fordi han køber enorme mængder aktier, indtil han ejer nok til, at han er indflydelsesrig og vigtig for virksomheden. Som følge heraf har Ackmans portefølje i gennemsnit haft en gevinst på mere end 30% gennem 5 ud af de sidste 16 år.

Sjove fakta: Bill Ackman forudsagde finanskrisen i 2008, en bedrift, der sparede ham millioner og lancerede sin status som en legendarisk investor.

Bill Miller

- *"Sikkerhed tilhører matematik, ikke markeder."*
- *"Vi forsøger at købe virksomheder, der handler med store rabatter til egenværdi. Det, der er anderledes, er, at vi vil lede efter den værdi overalt, hvor vi kan."*
- *"Hvis folk køber ting, de ikke har analyseret ... Det vil sandsynligvis ikke ende godt."*

Investeringsfilosofi: Bill Miller, der betragtes som et investeringsgeni såvel som en af de bedste investeringsforeningsforvaltere nogensinde, har et par regler, der holder ham i det grønne. Han forsøger ikke at forudsige, hvor markedet er på vej hen, og leder i stedet efter franchiseværdi. Han leder efter nye ideer og investeringer overalt, men han handler ikke ofte. Resultatet? Millers firma, kaldet Miller Value Partners, havde et nettoafkast på 119,5% i 2019

Sjov kendsgerning: Gennem 2010'erne ejede Millers firma engang 12% af Facebook, 8% af Amazon og næsten 30% af Avon.

John Neff

- *"Jeg vil ikke have mange gode investeringer; Jeg vil have et par fremragende."*
- *"Succesfulde aktier fortæller dig ikke, hvornår du skal sælge. Når du har lyst til at prale, er det nok tid til at sælge."*
- *"Det er ikke altid nemt at gøre det, der ikke er populært, men det er her, du tjener dine penge. Køb aktier, der ser dårlige ud for mindre forsigtige investorer, og hæng på, indtil deres reelle værdi er anerkendt.*

Investeringsfilosofi: John Neff havde en simpel strategi: han tror på porteføljekoncentration i modsætning til diversificering og vælger aktier med et lavt P / E-forhold i blomstrende industrier. Fonden Neff kørte i gennemsnit et afkast på næsten 14% gennem 30 års investering.

Sjov kendsgerning: Neff mente, at de fleste mennesker skulle investere 70% - 80% af deres aktiver i aktier, hvor de fleste af disse penge blev placeret i, som nævnt ovenfor, gode virksomheder med lave P / E-forhold.

Jesse Livermore

- *"Penge tjenes ved at sidde, ikke ved at handle."*
- *"De gode spekulanter venter altid og har tålmodighed og venter på, at markedet bekræfter deres dom."*
- *"Mænd (forfattere bemærker: og kvinder), der både kan have ret og sidde tæt, er ualmindelige."*

Investeringsfilosofi: Jesse Livermore, der af mange anses for at være den mest berømte aktiehandler nogensinde, var en trendhandler. Han ville købe stærke og rentable aktier under bull-markeder og ville shorte svage og tabe aktier under bjørnemarkeder. Ligesom John Neff hældede Livermore mod porteføljekoncentration i modsætning til diversificering. Han købte det bedste af det bedste og kortsluttede det værste af det værste, uanset hvilken diversificering strategien førte til. Som et resultat tjente Jesse Livermore (i dagens ækvivalent) mere end $ 1 milliard.

Fun Fact: Bogen *Reminiscences of a Stock Operator* af Edwin Lefevre er en fiktiv beretning om Livermores stigning til aktiehandelseliten. På trods af at den blev udgivet i 1923, er bogen stadig på tryk. Det er en af de mest kendte bøger om aktiehandel, og med ordene fra William O'Neil (grundlæggeren af Investor's Business Daily), "i mine 45 års erfaring i denne branche har jeg kun fundet 10 eller 12 bøger, der var af nogen reel værdi - *Reminiscences* er en af dem."

Peter Lynch

- *"Invester aldrig i nogen idé, du ikke kan illustrere med en farveblyant."*
- *"Ved, hvad du ejer, og ved, hvorfor du ejer det."*
- *"Du behøver ikke at være raketforsker. Investering er ikke et spil, hvor fyren med 160 IQ slår fyren med 130 IQ."*

Investeringsfilosofi: Peter Lynch, en investeringslegende og forfatter til en bog, der måler sit salg i millioner, har et unikt sæt overbevisninger vedrørende aktiehandel. Han mener, at den enkelte investor har en fordel i forhold til professionelle tradere, fordi den enkelte investor har evnen til at handle hurtigt, ikke holdes tilbage af juridiske midler og har såkaldt "lokalkendskab". Begrebet "Handl hvad du ved", som tidligere nævnt i denne bog, er stort set baseret på Lynchs begreber. I løbet af sin tid som leder af Fidelity Magellan opnåede han i gennemsnit et afkast på 29,2% og voksede firmaets aktiver fra $ 20 millioner til $ 14 milliarder på 13 år.

Sjov kendsgerning: Lynchs bedste investering kom fra at interagere med virksomheder, før disse virksomheder blev store aktier. For eksempel var Lynch engang på en tur til Californien, da han tilfældigvis spiste en rigtig god burrito. Som et resultat tjente han millioner på at investere i Taco Bell.

Siden sin pensionering har Lynch fokuseret på humanitære gerninger og betragtet dem som en anden form for investering. Du kan besøge hans velgørenhed på thelynchfoundation.com.

John C. "Jack" Bogle

- *"Lær hver dag, men især af andres erfaringer. Det er billigere!"*
- *"Tiden er din ven; Impuls er din fjende."*
- *"Hvis du har problemer med at forestille dig et tab på 20% på aktiemarkedet, bør du ikke være i aktier."*

Investeringsfilosofi: Jack Bogle, grundlægger af Vanguard Group Inc., skitserede 8 regler, der opsummerer hans investeringsfilosofi i sin bog *Common Sense on Mutual Funds: New Imperatives for the Intelligent Investor*.

1. Vælg billige fonde
2. Overvej nøje de ekstra omkostninger ved rådgivning
3. Overvurder ikke tidligere fondsresultater
4. Brug tidligere resultater som et værktøj til at bestemme risiko
5. Pas på stjerner (stjerner betyder forvaltere af investeringsforeninger)
6. Pas på aktivstørrelse (store fonde)
7. Ejer kun få midler
8. Køb og hold

Sjov kendsgerning: Hans investeringsforvaltningsselskab, kaldet The Vanguard Group, har $ 5.6 billioner i aktiver fra 2019. Ja, det er $ 5,600,000,000,000 i aktiver.

Hvis det interesserer dig, skal du sørge for at lære mere om de fascinerende liv for nogle af de største handlende i historien. Brug nu et øjeblik på at skrive en person ned, der holdt fast ved dig, en idé, der sad fast hos dig, eller noget andet, du gerne vil huske:

Konklusion: Du klarede det!

Tillykke. Du har afsluttet denne bog, og at blive udsat for disse oplysninger i en tidlig alder sætter dig i en meget stærk position. Du har mulighed for at tjene flere penge, end du eller dine forældre nogensinde har drømt om, så længe du lægger tid og lægger i arbejdet. I hele denne bog er du blevet introduceret til at tjene penge, spare penge, aktiemarkedsfærdigheder, aktiemarkedsstrategi og visdommen hos de bedste investorer nogensinde. Men selvom denne bog muligvis slutter, er din rejse som investor lige begyndt. Fra nu af er det op til dig.

Held og lykke.

Del VI: Ressourcer

Dette afsnit vil indeholde en database over de bedste (ikke alle de bedste; nye oplysninger frigives hele tiden) aktierelaterede websteder, bøger, tv-shows, YouTube-kanaler og podcasts.

Websteder

- Investopedia.com
- Corporatefinanceinstitute.com
- Tradingview.com
- Stockrover.com
- Trendspider.com
- Metastock.com
- Yahoofinance.com
- stockchart.com
- Demotliphol.com
- Metastock.com
- Morningstar.com
- Bloomberg.com
- Alphavantage.com
- Thewallstreetjournal.com
- Seakingp.com
- Zachs.com

Bøger

Tjek dit bibliotek, før du køber!

1. *One Up On Wall Street* af Peter Lynch (En personlig favorit af mig)

2. *Bliv rig omhyggeligt* af Jim Cramer

3. *Mad Money: Se tv, bliv rig* af Jim Cramer

4. *Bliv gal for livet: Bliv rig, bliv rig (gør dine børn endnu rigere)* af Jim Cramer

5. *Kom tilbage til Even* af Jim Cramer

6. *Rigtige penge: Sane investerer i en sindssyg verden* af Jim Cramer

7. *Confessions of a Street Addict* af Jim Cramer (Denne bog er fantastisk såvel som informativ fra en narrativ holdning)

8. *Det bedste investeringsråd, jeg nogensinde har modtaget: uvurderlig visdom fra Warren Buffett, Jim Cramer og andre finansielle eksperter* af Liz Claman

9. *Du blev skruet! Hvorfor Wall Street tankede, og hvordan du kan trives* ved

Jim Cramer

10. *Pit Bull: Lektioner fra Wall Street's Champion Trader* af Martin "Buzzy" Schwartz

11. *Den daglige handelscoach: 101 lektioner til at blive din egen handelspsykolog* af Brett N. Steenbarger

12. *Hvordan jeg tjente $ 2 millioner på aktiemarkedet: Darvas-systemet til aktiemarkedsoverskud* af Nicholas Darvas

13. *Trend følgende: Lær at tjene millioner på op eller ned markeder* af Michael W. Covel

14. *Den intelligente investor: Den endelige bog om værdiinvestering* af Benjamin Graham

15. *Reminiscenser af en aktieoperatør* af Edwin Lefèvre

16. *Den automatiske millionær* af David Bach

17. *Den velhavende barber* af David Chilton

18. *Manden, der slog S&P: Investering med Bill Miller af* Janet Lowe

19. *Rich Dad Poor Dad* (En klassisk bog, der har solgt mere end 32 millioner eksemplarer)
20. *Visdom fra rig far, fattig far til teenagere: hemmelighederne om penge - som du ikke lærer i skolen!*
21. *Rig far fattig far: Hvad de rige lærer deres børn om penge - Det gør de fattige og middelklassen ikke!*
22. *Rich Kid Smart Kid: Giv dit barn et økonomisk forspring*
23. *Rich Dad's Forøg din økonomiske IQ: Bliv smartere med dine penge*
24. *Rich Dad's CASHFLOW Quadrant: Rich Dad's Guide to Financial Frihed*
25. *Rig far fattig far: Hvad de rige lærer deres børn om penge - Det gør de fattige og middelklassen ikke!*
26. *Rich Dad's Guide to Investing: Hvad de rige investerer i, at de fattige og middelklassen ikke gør!*

Tv-udsendelser

1. Mad Money™ fra Jim Cramer (dette show er fantastisk til et yngre publikum, fordi det er noget mere underholdende end de andre på denne liste).

2. Dine penge™ fra CNN

3. Squawk Box™ fra CNBC

4. Money Matters™ *fra* RLTV

YouTube-kanaler

Finansiel uddannelse -

https://www.youtube.com/financialeducation

Finansiel uddannelse 2

Hattapus://vv.youtube.com/channel/ukkamj9sakfuyaogaged

R

Aktiemarkedet Investering

Hatps://vv.youtube.com/channel/UC56luxfvzrp6d4skanpi_so

Q

*E*HANDEL*

youtube.com/etrade

Lær at investere

youtube.com/learntoinvest

The Monk Way - Aktiemarkedsvideoer

youtube.com/themonkway

Podcasts

- Stabling af Benjamins
- Invester som de bedste
- Penge til resten af os
- Penge til os andre
- Investeringsindsigt fra Morningstar
- The College Investor
- Invester som en chef
- InvestTalk
- Stabling af Benjamins
- Taler rigdom Podcast
- Investorernes podcast
- Sund investering
- Invester som de bedste
- Meb Faber-showet
- Bedste i rigdom podcast
- InPenny-lager
- Så penge
- InvestED Podcast
- Vi studerer milliardærer
- The BiggerPockets Money Podcast

Videresalg af apps

- Nextdoor
- Letgo
- TilbudOp
- 5miles
- VarageUdsalg
- Craigslist
- StockX • Geder
- Graal

www.ingramcontent.com/pod-product-compliance
Lightning Source LLC
LaVergne TN
LVHW010343070526
838199LV00065B/5778